JN079518

増補改訂版

プロでも意外に知らない 〈木の知識〉

林 知行 著
HAYASHI Tomoyuki

学芸出版社

はじめに —改訂にあたって—

　本書のオリジナルともいえる『ウッドエンジニアリング入門』が刊行されたのは 2004 年 3 月でした。当時はまさに木材・木造建築に強い追い風が吹き始めた時代でした。

　阪神淡路大震災の反省から木造住宅に関する研究が激増し、その結果を受けて品確法の施行や建築基準法の性能規定化等々、木造建築のレベルアップに向けての施策も始まっていました。

　しかし、1960 年代から四半世紀にわたって続いた木造建築の暗黒時代の悪影響は払拭されておらず、木材・木造に対する取り扱いは、まだまだ情緒的なままでした。建築関係の雑誌や啓蒙書に、情緒性はたっぷりだが、非科学性もたっぷりという記事が散見されたのです。

　そこで、そのような状況を改善すべく、「ウッドエンジニアリング」、すなわち伐採された丸太が様々な加工を経て木造建築の構造体になるまでをカバーした科学技術体系の入門書を執筆することにしたわけです。

　この本は好評を持って受け入れてもらえました。ただ、出版後 10 年を経ずして、耐震性能をはじめとする様々な木造研究がさらに進み、関連図書やマニュアル類が数多く出版されるようになりました。もはや「ウッドエンジニアリング」の川下領域である木造建築そのものについては、この本で取り上げる必要がなくなったのです。

　とはいえ、「ウッドエンジニアリング」の川上領域である木材の特性や、さらに川上にあたる樹木に関しては、正確な知識が十分に浸透しておらず、一部の建築材料学の教科書や建築の啓蒙書には、明らかな誤解や記述のミスが残ったままでした。さらにインターネット上に氾濫する間違い知識の多さには目を覆わんばかりのものがありました。

　そこで、2012 年 9 月に「ウッドエンジニアリング」の川上領域を補強し、川下領域を縮小する大改訂を行い、書名も『プロでも意外に知らない木の知識』と変更して、装いも新たに刊行することとしました。

　その後、さらに 8 年が経過して、3 刷りを数える間に、木材・木造を取り巻く情勢にさらに強い追い風が吹くようになりました。環境負荷の少ない建築材料と

して、木材と木造建築の優位性を社会全体が理解するように変化してきたのです。また、木造住宅の耐震性能や断熱性能が格段に向上したと同時に、研究の主な対象が、小住宅から中大規模木造建築へと変化・進化してきました。

さらに、大型の木質材料であるCLT（直交集成板）の登場は、それまで非現実的と考えられていた多層の中大規模木造建築を現実のものとしました。それと同時並行で、耐火木質構造部材も研究開発が進み、現在では木造建築の可能性がさらに大きく広がりつつあります。

ただ、その一方で木材の扱いに慣れていないゼネコン等が、生物資源材料である木材製品に過度の品質管理を要求したり、鉄やコンクリートを単に木材に置き換えただけといった設計施工を行ったりするなど、不慣れさに由来する事案も目立つようになってきました。

このような状況のなかで、新たに登場してきた新木質材料や新技術の紹介を中心として、前書に加筆したのが、今回の改訂版です。前書と比較して、木材の物理的性質のように、基本的に変化が無い内容はそのままですが、川下領域において他書に譲るべきと判断した部分については、遠慮無く省略しました。

もちろん、入門書という本書の性格を考慮して、表現は厳密さを追求するよりも，わかりやすさを第一に考えて、できるだけ平易にしてあります。また、数式だけに頼ることは避け、図と写真を多用して解説するよう努めました。

なお、ページ数の関係から本書で触れることのできなかった分野については、信頼できる参考文献やホームページを巻末に紹介していますので、是非それらを参照していただきたいと思います。

現在、世界は未だウイズコロナのまっただなかにあります。まだまだ先の見通せない状況が続いているとはいえ、「木造では他の構造よりも材料に対する深い知識が必要である」ことは、アフターコロナの時代になっても、変わらぬ事実です。木を知らなければ安全・安心な構造体は造れません。本書が木を知るための一助となれば幸いです。

2021年4月

林　知行

ちょっとした勘違い 1 ── 年輪幅の広いほうが南側

　これらの写真は、平坦な土地で同じ方向から撮影したヒマラヤスギの切り株です。年輪が広い方向はバラバラで、地理的な方角とは無関係です。実際の方角は写真左上が南、右下が北です。このように、切り株を見ても方角はわかりません。したがって、伐採された丸太の切り口を見ても、その木がどちらの方向を向いて立っていたのかはわかりません。

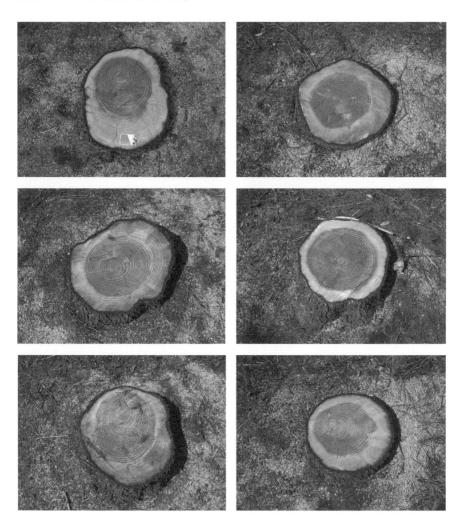

ちょっとした勘違い2 ── 枝は木の南側に多い

　この写真は針葉樹の一例ですが、どの木も左右バランスよく枝葉が出ていて、方角による偏りはありません。つまり、東や南側に枝が多いということはありません。

　また、次の写真はケヤキの街路樹ですが、どの方向にもバランス良く枝を出しています。

ちょっとした勘違い3
―― 土地の傾斜に直角に芽が出て成長するが、
途中で天に向かおうとするため、根曲がりができる

　下左の写真から明らかなように、ケヤキは地面に対して直角に近い角度で成長していますが、エノキやトウネズミモチは、最初から天に向かって成長しています。つまり、土地の傾斜に直角に芽が出て成長するという法則性はありません。

　また、前ページの針葉樹の写真では、地形がかなり傾斜していますが、根曲がりしている木は全く見当たりません。実は根曲がりが生じる原因は様々です。たとえば、下右の写真のように、雪の多い地方では積雪の重みによって若木が傾斜し、それを補正しようとして、根曲がりが生じます。

ちょっとした勘違い 4
── 板目板が反るのは木表側の水分が多いから

　写真は長期間、飽水状態においてあったスギから、板目板を連続的に木取りして乾燥させたものです。乾燥させる前の含水率は木表側も木裏側もほぼ同じでしたから、上の理屈が正しければ、大きくくるうことはないはずです。しかし、結果はこのとおりです。なお、辺材と心材（赤身）があるからくるうという説明も間違いです。なぜなら、これらのスギは、すべて心材だからです。

ちょっとした勘違い 5 ── 木は隅から隅まで生きている

　写真上は日光の杉並木、下は大阪府堺市金岡神社御旅所のクスノキです。いずれも数百年を生きてきた巨樹巨木ですが、樹体内のすべての細胞が生き続けてきたわけではありません。特に樹幹の木部はほとんどの細胞が抜け殻になっていて、生きているのは細胞分裂を起こす形成層と辺材の柔細胞だけです。木の樹幹部は首の皮一枚のような状態で生きているのです。

ちょっとした勘違い 6 —— 巨大木質構造の比較

①②③は、米オレゴン州の飛行船格納庫（工事中）です。製材をスプリットリングで接合した軸組構造で、桁行 321m、梁行 88m、高さ 57m。1942 年に完成して、現在も航空博物館として使用されています（US Navy：*Building for Battle,* 1942 より）。

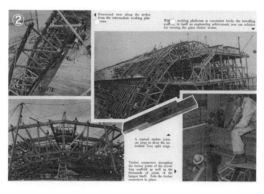

④は東大寺大仏殿。製材を嵌合した軸組構造で、桁行 57m、梁行 51m、高さ 47m。

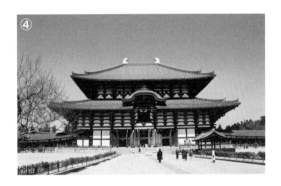

⑤は秋田県大館樹海ドーム。集成材を金物で接合したドーム構造で、最長直径
178m、最短直径 157m、高さ 52m。
⑥同ドームの内部。野球も可能。
⑦同ドームの集成材と金物の取り合い。

1章
木材利用の常識・非常識

　日本人は太古の昔から木材を巧に使いこなし、世界に冠たる木造建築文化を築き上げてきました。これが「日本は木の文化の国」と呼ばれるゆえんです。

　一方で、日本人は高度な科学技術を駆使し、世界でも有数の「科学技術立国」を創造してきました。この二つの事実を単純に重ね合わせると、日本は「世界に誇れる木の科学の国」であってもおかしくないはずです。

　ところが現実は、世界に誇れるどころか、木に関する「非科学的知識」が一般常識として普通に通用しているような有様です。

　たとえば、ごく平均的な日本人が持っている木に関する常識、

①木の年輪は南側が広い、

②板目板が乾くと反るのは木表側の水分が多いから、

③樹木の枝は南側に多い、

④幹に耳を付けると樹液の流れる音が聞こえる、

⑤年輪の色の濃い部分（冬目）は冬にできる、

などはすべて間違いです。

　これらが誤りである理由は本章で解説しますが、一般人が誤解しているだけなら、それは大きな問題にはなりません。深刻なのは、木材・木造のプロである業界人の多くが、このような基礎的な誤りに気がついていないことでしょう。

　旧版発行の効果がどこまであったのかはわかりませんが、現在では、書籍における間違い情報はずいぶん減ったように思われます。ただし、インターネット情報の信頼性の低さは相も変わらずといったところです。

　木材利用のプロであるなら、木に関する基礎的知識を十分理解していなければならないはずです。基礎が施工不良であればその上に建つ建築がいかに危険なものになるか、この文章を読まれている読者なら十分ご承知のはずです。

　本章では、樹木と木材に関する基本的な科学知識を解説します。

1 木材利用の意義

―――なぜ木を伐って使わなければならないのか

木材を利用するにあたっての常識としてまず考えておかなければならないことがあります。それは「木を伐って使っても良いのか?」ということです。

かつて、木を伐って使うことは単純に「悪」であると喧伝されていた時代がありました。そういうふうに教えられて育った日本人も多いはずです。筆者の実体験ですが、小学生だった息子の授業参観に行ったとき「木を伐るのは自然破壊です」と先生が説明しているのを聞いて愕然とした覚えがあります。

しかし、現在ではそのような単純な「木材伐採=悪者」論は消えつつあります。もちろん南米やアフリカの開発途上国を中心に森林面積の減少は続いていますが、その原因の多くは大規模農地開発や焼き畑などによるものが主であって、それらと木材を有効に利用することとはまったく別次元の問題です。

旧版を刊行した2012年の時点でも「上手に伐って上手に使うなら、木を伐っ

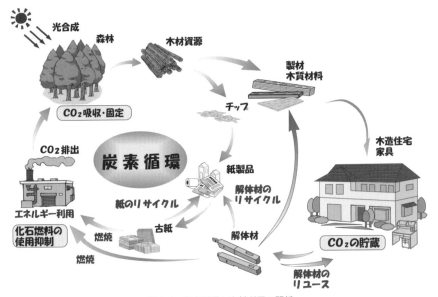

図1・1　炭素循環と木材利用の関係
二酸化炭素（CO_2）を炭素の化合物である木材として木造建築の中に
ストックしておくところに木材利用の意味がある。

て使っても良い。むしろ、わが国のような森林をもつ国では、積極的に木を伐って使わなければならない」という考え方が、かなり広く社会に受け入れられるようになっていました。

　行政面においても、地球温暖化防止に関する世界的な動きと相まって、「木材の有効利用が空気中の二酸化炭素を減少させ、地球温暖化の防止の一助となる」ことが、広く認識されるようになっていました。たとえば、2010年10月から施行された「公共建築物等における木材の利用の促進に関する法律」では、木材の利用を促進することが地球温暖化の防止、循環型社会の形成などに貢献するとうたわれていたのです。

　また学術関係においても、日本木材学会や日本木材加工技術協会といった木材利用に関連した学協会はもちろんのこと、日本建築学会も2009年暮れに出した地球温暖化対策2050のなかで「木材の積極的利用によって炭素の固定蓄積量を増大させることで、大気中のCO_2を削減する」と表現するまでになりました。

　その後、建築に木材を使い日本の山を活かそうという「ウッドファースト」運動や、林野庁の「木使い運動」の展開、さらには木育への全国的な取り組みなど、「木を伐って使うことは環境破壊だ」とマスコミが喧伝していたころからは、想像もできないような、木材利用推進の動きが広がってきました。

　特に最近では、2015年の国連サミットで提案されたSDGs（Sustainable Development Goals（持続可能な開発目標））への注目が高まり、大手企業を中心に地球環境の保全への対応が高まりつつあるなかで、木材利用を通じて目標達成に貢献できる木材産業界・木造建築業界の優位性が認識されるようになってきました。

　このように、木材利用の重要性は世界的にも認められてきたのですが、何故それが重要なのかという論理の流れが、わが国の一般人に理解されているとはいえません。

　たとえば、筆者が秋田県立大学で新入生相手に行っていた講義に「生物資源科学への招待」という科目がありましたが、講義の最後に感想文を書かせると、例年半数以上の学生から「これまで木を伐るのは環境破壊だと信じていました」「木材を使うのは悪いことだと思っていました」「でも、先生の授業を聞いて、そうではないことがよくわかりました」という感想文が提出されてきました。

　おそらく、彼らは中高の社会科の授業で、開発途上国などにおける森林破壊の話を教えてもらい、「木を伐るから環境が破壊される→木を伐る林業は環境破壊

産業である→伐った木材を利用するのは悪である」などと思い込んでしまっていたのでしょう。

　こういう状況はここ数十年続いてきたと思います。何十年もの間続いたマスコミによる木材利用悪者キャンペーンは、木材利用に対するいわば「罪悪感」を多くの日本人に植え付けてしまいました。恐ろしいことに、そういう罪悪感を持った学生たちが小中高の教員になって、今日もまた木材利用悪者説を拡大再生産し続けているわけです。

　ここは何としてでも、そのような悪循環を絶たなければなりません。以下では、どういうふうに説明すればわかってもらえるのかという論理の流れを簡単に述べていきます。

❖空気中の二酸化炭素の増加と地球温暖化対策

　産業革命以降、人類は石炭や石油を動力や電力用として急激にそして大量に消費するようになりました。これらの化石燃料は炭素の化合物ですから、燃えてエネルギーを出すと同時に二酸化炭素（CO_2）も排出します。燃料消費の絶対量が少ない時代には大きな影響はありませんでしたが、消費量の増加とともに空気中の CO_2 の濃度が高くなり、それがいわゆる温室効果を生じさせて、地球温暖化の原因になっていると考えられています。

　地球温暖化への対応策は基本的に二つあります。まず一つめは、化石燃料の排出を減少させることです。石炭や石油を使うということは、地中に埋蔵されていた炭素化合物を掘り出してきて、空気中に CO_2 を放出することですから、対策と

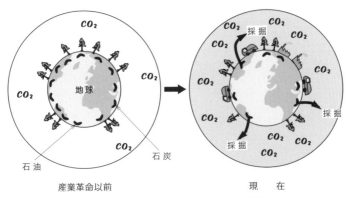

図1・2　地球上の二酸化炭素（CO_2）の状態

してはその放出量をできるだけ減少させればよいということになります。かつて「COP ○○」とか「京都議定書」といった用語が新聞紙上をにぎわしていましたが、これらはまさに CO_2 の放出量を削減しようとする世界的な動きに他なりません。

❖植物の光合成による二酸化炭素の固定 —— 最も効果的な方法は

もう一つの対応策が「空気中の CO_2 を吸収して地球上に固定する」ことです。もちろん、化石燃料のエネルギーを使って力づくで CO_2 を固定するのではまったく意味がありません。そこで登場するのが、植物の光合成作用です。

小学校の教科書にもでているように、植物は太陽の光エネルギーを利用して、空気中の CO_2 を吸収し、酸素（O_2）を放出しています。ごく簡単に言えばこれが光合成です。

ここで単純な疑問が浮かび上がります。CO_2 を吸収し、O_2 を放出するのですから、残りの C はどこへいったのでしょうか。実はこの C が形を変えて植物体、つまり草や木になっているのです。それだけではありません。我々が毎日食している米や麦のような炭水化物も、その元々の原料は空気中の CO_2 なのです。

このように、光合成は「化石エネルギーを使わずに空気中の CO_2 を地球上に固定する手段」としてはまさに最適です。何といっても、太陽の光と水とわずかな無機の栄養分があれば、植物が勝手に CO_2 を地球上に固定してくれるわけですから、こんなにありがたい話はありません。

ただ、植物の光合成を CO_2 の固定に利用するとはいっても、いわゆる「草本植物」の場合は、すぐに枯れてしまいますし、穀物のように他の生物のエネルギー源として消費されたりしますので、CO_2 を炭素の化合物として地球上に固定させている期間は長くありません。つまり、CO_2 が空気中に戻ってしまうまでの時間が短いのです。

これに対して、「木本植物」では CO_2 を木質・木材という炭素化合物にして樹体内に固定しますので、一度固定された炭素はそう簡単には放出されません。

樹木の成長の速さは樹種によって異なりますし、成長の限界もありますが、毎年樹幹は肥大成長によって太っていきます。したがって、枯死しない限り、固定される炭素の量は年々増えていくことになります。つまり樹木と森林を増やすことは、空気中の CO_2 の削減に役立つことになるわけです。

また、生きている樹木や森林だけでなく、生物学的には死んでいる木材も、炭

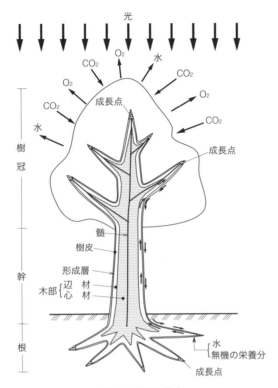

図1·3　樹木の構造

素を貯蔵しておくという意味では、生きた樹木や森林と同様の働きをしています。なぜなら、腐ったり焼かれたりしなければ、木材は半永久的に炭素を地球上に固定したままだからです。これを木材利用の「炭素貯蔵効果」といいます。

　さらに、木材製品は鉄やアルミニウムよりも作るまでのエネルギーを必要としませんので、木材を利用すれば、金属を使うよりも CO_2 の排出を減らすことができます。これが木材利用の「省エネルギー効果」です。

　もちろん、いくら寿命が長い木造建築でもいつかは解体される時がきます。ただ、その時にも、解体された木材をリユース・リサイクルしてやれば、CO_2 の排出を減らすことができます。さらに、廃棄するときに燃やしてやれば、エネルギーとして利用でき、そのぶん化石燃料の消費を回避できます。これが木材利用の「化石燃料代替効果」です。

　上に述べたことから、①森林面積の減少を食い止め、植林によって森林面積を

増大させること、そして②木材を上手に使ってCO_2を固定させておくことが、空気中のCO_2を減少させ、ひいては地球温暖化問題解決の一助となることがおわかりいただけるでしょう。

❖木材の上手な利用のためには

炭素の固定という視点にたてば、木材を上手に使うためには次のような点に注意する必要があります。

図1・4　リサイクルされてパーティクルボードに生まれ変わる木質廃材

①人工的に管理可能な森林から生産された木材を使うこと。

なぜなら、再生が困難な天然林などを破壊してしまっては元も子もないからです。日本人の勝手な言いぐさと言われても仕方がありませんが、熱帯林などの減少や砂漠地帯の拡大などは、何としても食い止めなければなりません。

②木材の加工は省エネルギー的に、かつ歩止りを高くすること。

CO_2を吸収して固定しておくことに意義があるので、原料輸送や加工に多大なエネルギーを使うのでは本末転倒ですし、捨てる部分が多ければ、それだけ炭素の固定量が少なくなってしまうからです。

③製品の寿命は長く、そして腐らせないようにすること。

これは炭素を固定している期間が長いほど、CO_2の削減に有利になるからです。かつてのように大量生産・大量廃棄といった地球に対する負担の大きいシステムをいつまでも続けるわけにはいかないのは明らかでしょう。

④製品を廃棄する際には、他の製品の原料として再利用できるようにすること。

これもまた炭素を固定している期間をできるだけ長くするためです。

「木材利用は環境にやさしい」などという表現が使われることがありますが、それはあくまでも上記のような条件を守ったうえでの話です。CO_2の固定能力をでたらめで無秩序な木材利用の免罪符にしてはなりません。不法伐採の禁止や不法伐採された木材を使用しない運動、さらにはきちんと管理された森林を認定し、そこから生産された木材にラベリングするという「森林認証制度」への取り組みが全世界で本格化しつつあります。

❖日本の森林の現状 —— なぜ今、国産材なのか

はじめに述べたように、南米やアフリカの開発途上国を中心に、大規模農地開発、薪炭利用、焼畑農業など様々な要因によって森林破壊は進んでおり、深刻な問題となっています。しかし、世界中のすべての国で森林が減少しているわけではありません。世界には、先進国を中心に森林の蓄積が増えている国がいくつもあります。特に増加の著しいのが、わが日本です。

わが国の森林面積は約2500万haで、これは国土のおよそ2/3（66%）に相当します。この値はここ半世紀の間ほとんど変化していませんが、人工林の面積は戦後から昭和40年代にかけて増加し、現在では約1,000万haとなって、森林面積の40%強を占めています。

わが国の森林面積にはほとんど変化がありませんが、森林に蓄積された資源量は毎年増加しています。2018年におけるわが国の木材の総需要量は約8250万 m^3 でしたから、図1・5に示した総蓄積量52.4億 m^3 は、単純に計算して、年間消費量の約64倍に相当することになります。つまり、わが国の森林には64年間の木材需要をまかなえるだけの木材資源が存在していることになります。

さらに、2012年から2017年の平均成長量は約6800万 m^3 ですから、2017年の素材生産量約2141万 m^3 の3倍以上もあります。このため、質はともかくとして森林の蓄積量は年々増える一方です。なお、樹種の内訳は、スギが最も多く（12.3億 m^3）、ヒノキ、カラマツを含めた主要3樹種で全体の80%以上を占めています。

いずれにしても、わが国には資源としての木材が多量に存在しているのですが、ただ残念なことに、様々な理由によって、わが国では林業という産業が経済行為として成立しにくくなっています。このため、山の手入れが行き届かず、放置されたまま荒れている森林も増える一方です。

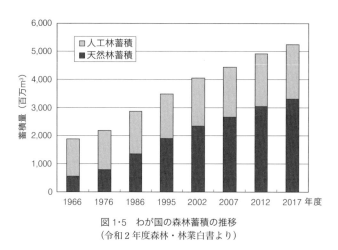

図1・5　わが国の森林蓄積の推移
（令和2年度森林・林業白書より）

　このように、わが国の森林が荒れている状態と、世界中で進行している森林面積の減少とはまったく状況が異なります。したがって、それに対する対応策は分けて考える必要があります。前者では積極的に木材利用を図って森林資源の循環をスムースにするべきですし、後者では森林の保護と回復などを積極的に図る必要があります。

　かつて、国産材の自給率が20%以下になっていた時期もありました。その理由にはいろいろなものがあったのですが、最もわかりやすいと思われるのは「日本が経済大国だったから」でしょう。特にプラザ合意以降、強い「円」のおかげで、日本はコストパフォーマンスが高い（値段の割には性能が高い、あるいは性能の割には値段が安い）外国産の木材を、世界中から自由に輸入することができました。国産材は世界中から選び出されてきたいわば「横綱達」と、同じ土俵の上で勝負することを余儀なくされていたのです。

　その当時、世界における木材資源の状況や、マーケットの様子も変化してきており、それ以前のように、外国産材と国産材の間に大きな価格差はなくなっていましたが、それでも、価格だけでなく、国産材の利用にはいろいろな問題点があって、全体的に劣勢にあることは否めませんでした。

　そこで、そのようなわが国の状況に対応するために、政府によって策定されたのが2009年暮れの「森林・林業再生プラン」でした。このなかでは、10年後の木材自給率を木材需要全体の50%に引き上げることが明示されていました。また、その具体的な施策の重要な柱として2010年10月に施行されたのが「公共建

築物等における木材の利用の促進に関する法律」でした。

　その後、2011 年の東日本大震災という未曾有の大災害が発生したものの、国産材の利用を拡大させようとする木材利用ポイント事業のような施策や、「近くの山の木で家をつくる運動」のような民間での取り組み、さらには再生可能エネルギーの固定価格買い取り制度（FIT 制度）の導入による木質バイオマスの利用拡大などが功を奏して、国産材の供給量は増加、木材の自給率は 2018 年度で 36.6% にまで回復してきました。

　もちろん、これらの背景には、国産材（特にスギ）をもっと使えるようにするために、様々な研究開発の努力が続けられてきたことがあります。これに関しては 2 章以降で詳しく説明します。

❷ 樹木の成長
―― 樹木はどのようにして育つのか

❖光合成と樹木の成長

　樹木はどのようにして育つのかと聞かれたら、たいていの人は「水と養分を土から吸い上げて育つ」と答えるでしょう。

　木材はどのようにしてつくられるのかと聞かれたら、これもまた、多くの人は「樹木が成長するときに細胞が増えてできる」と答えるでしょう。

　それでは、木材の原料は何ですかと聞かれたら、多くの人は「土の中から吸い上げた養分が原料になる」と答えるにちがいありません。

　しかし、答えはそうではありません。木材の原料となる化学成分は葉から流れてくるのです。

　前節でも述べたように、植物の葉は空気中の CO_2 を吸収し、酸素（O_2）を放出しています。この時、葉緑素が太陽の光をエネルギー源にして、空気中の CO_2 と根から吸い上げた水からブドウ糖（グルコース）を作りだしています。言い換えると、この作用が「光合成」なのです。

　これを化学式で書けば、以下のとおりです。

$$6CO_2 + 12H_2O \rightarrow C_6H_{12}O_6 + 6H_2O + 6O_2$$

　光合成によって合成されたブドウ糖が葉から幹に流れ、それが樹幹と樹皮の間にある「形成層」で細胞分裂に使われ、その結果できた細胞が木材になるのです。前節でも強調しましたが、木材ばかりでなく、米や麦や芋などいわゆる炭水化物

図1·6　岩山に育つ樹木

の原料も元はといえば空気中の CO_2 と水なのです。

　では、土壌中の無機の養分（いわゆる窒素、リン、カリなど）は何に使われるのかというと、樹木の生体の維持のために使われます。たとえば、遺伝子上のDNAには窒素（N）やリン（P）が不可欠です。もちろん水分は生体の維持と栄養を運ぶために必要です。

　図1・6のように、ほとんど土壌のない岩山のようなところに育つ樹木を見て、「あんなところでよく育つなぁ」と感じられたことはないでしょうか。ほとんど養分がないように思われる場所であっても、空気中の CO_2 を固定して、樹体にしているから、樹木は大きく育つことができるのです。土壌中の栄養分が形を変えて樹木になっているのではないことが、この写真からもおわかりいただけるでしょう。

❖木材の細胞構造 ── 広葉樹と針葉樹の違い

　樹木は生物ですから様々な種類の細胞によって構成されています。我々が木材と呼んでいる部分を電子顕微鏡で30〜50倍くらいに拡大して観察したものが図1・7です。左が針葉樹のスギで、右が広葉樹のマカンバです。このように木材には無数といっていいほどの細胞が存在しています。ただ、どれも同じ種類の細胞が単純にならんでいるのではなく、いくつかの種類の細胞が三次元的に組み合わ

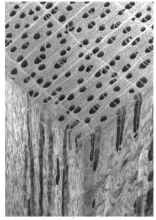

図1・7　針葉樹と広葉樹の比較
スギ（左：針葉樹）とマカンバ（右：広葉樹）の電子顕微鏡写真
（写真提供：森林総合研究所 組織材質研究室）

さっていることがおわかりいただけるでしょう。

このような木材の組織構造は、木材科学の基礎となる重要な研究分野なのですが、木材を建材として利用するという目的のためには、あまり複雑な内容に立ち入る必要はありません。大雑把に重要なポイントだけを理解しておけば十分でしょう。

さて、左のスギの場合、上下方向に細長く伸びた細胞が樹体の保持と水分の通導の役目をあわせもつ「仮道管（かどうかん）」です。穴が大きく見える仮道管は春から夏に形成されたもので壁が薄く細胞そのものが大きいことがわかります。一方、穴が小さく見える仮道管は夏から秋に形成されたもので、壁が厚く穴の径も比較的小さくなります。

前者を早材（そうざい）、後者を晩材（ばんざい）と呼びますが、このような壁の密度の差が「年輪」として我々の目に映ることになるわけです。

なお、写真の右上から左下に走っている白い線状の細胞が、木材の中心部から外周方向に向かって水平にならぶ「放射組織」です。

右の写真のマカンバは広葉樹ですが、広葉樹は生物学的に針葉樹より進化しているため、上下方向に伸びた細胞はいくつかに分化しています。ボツボツ空いた大きな穴のように見えるのが水分通導のための「道管（どうかん）」です。細く見える細胞が樹体保持のための「木部繊維」です。針葉樹の場合と同様に、写真の右上から左下に走っている白い線が「放射組織」です。

このような細胞の種類や並び方、さらにその構成割合などは、樹種によってそれぞれ異なっています。その違いを利用して、木材の小片から樹種を鑑定することができるのです。

また、これら以外にも別の種類の細胞が存在しますが、木材の強度特性には大きく関わってこないのでここでは省略します。なお、厳密に言うと、図1・7で見えているのは細胞というよりは、細胞が死んで抜け殻になった「細胞壁（さいぼうへき）」です。

❖樹はどうやって大きくなるのか —— 樹木と動物の違い

樹木が成長するときに、長さ方向に大きくなる（伸びる）のは、幹や枝の先にある成長点の分裂組織だけです。長さ方向の成長（伸長成長（しんちょうせいちょう））に伴って、成長点のすぐ後から「形成層」が形成されますが、実は形成層の細胞分裂によって生じる成長はすべて横方向に太る肥大成長です。つまり、樹木の成長のうち、長さが

伸びているのは枝や根の先端のわずかな部分だけです。残りの大部分は毎年毎年、横方向に太っているだけなのです。

　形成層が細胞分裂して樹幹が肥大成長するといっても、その太り方は一様ではありません。前項でも述べたように、春から夏にかけては細胞径の大きな早材が、夏から秋にかけては細胞径の小さな晩材が形成されます。建築業界のいわゆる業界用語で早材のことを「夏目」、晩材のことを「冬目」と呼んだりすることがありますが、日本のような気候では冬には肥大成長は起こりません。というように、これらの業界用語は誤解されやすいので注意が必要ですが、いずれにしても早材と晩材が1対となって1年輪ができるわけです。

　人間が赤ちゃんから大人に成長するときには、骨格を含めて体全体のパーツが内側からも大きくなっていきますが、樹木の成長はこのような動物の成長とはまったくメカニズムが違います。樹木では形成層の細胞分裂によって古い細胞の外側、つまり樹皮側に次から次へと新しい細胞が付け加わって太っていくわけですから、成長が一時的に停止するということはあっても、成長した木が栄養不足になって痩せ細るということはありません。

　また、いったん形成された細胞壁が消えてしまうとか、成長と共にその位置が上に移動してしまうということもありません。たとえば、高さ2mの位置に長い釘を打っておいたとすると、その釘はいつまで経っても高さ2mの位置にとどまったままです。

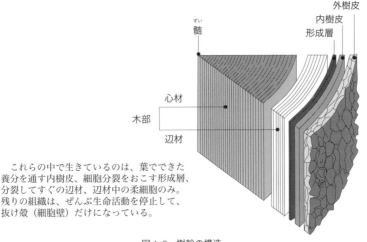

これらの中で生きているのは、葉でできた
養分を通す内樹皮、細胞分裂をおこす形成層、
分裂してすぐの辺材、辺材中の柔細胞のみ。
残りの組織は、ぜんぶ生命活動を停止して、
抜け殻（細胞壁）だけになっている。

図1・8　樹幹の構造

❖細胞の生死 ── 細胞分裂してできた細胞はいつ死ぬのか

　形成層の細胞分裂によってできた樹幹の細胞は半年も経たないうちに核や仁といった原形質が消え、細胞壁に「リグニン」という化学物質が沈積して、生命活動を停止します。つまり抜け殻である細胞壁を残して細胞は死んでしまいます。これを「木化」現象といいます。

　誤解している人が非常に多いのですが、生きている樹木であっても、樹幹の大部分は抜け殻である細胞壁のかたまりなのです。生きているのは樹皮のすぐ内側で細胞分裂を繰り返している形成層近辺の細胞と、主に葉から流れてきた栄養分を蓄える働きをする柔細胞だけしかありません。動物では、基本的に毛や爪、さらに歯や骨の一部を除けば、ほとんどの細胞が生きていると考えてよいのですが、樹木の場合、これとは大違いです。樹幹では、多数派である死んだ細胞と少数派である生きた細胞が共存しているといえるでしょう。

❖心材化 ── 辺材と心材の違い

　柔細胞の多くは放射柔細胞と呼ばれるもので、形成層から随に向かって水平方向にのびる放射組織を形成しています。ただし、樹幹にあるすべての柔細胞が生きているわけではありません。樹種によって異なりますが、実はこれらの柔細胞も形成されてから数年から数十年で死んでしまいます。

　柔細胞が死ぬときには、細胞の中に蓄えてあったでんぷんや糖などをフェノール性物質などの化学成分に変えます。この現象を心材化といいます。多くの樹種では丸太の中心部の赤っぽい部分（心材：赤身：アカミ）と樹皮側の白い部分（辺材：白太：シラタ）に区別できますが、柔細胞が生きているのは辺材部のみです。樹種によっては、はっきりしないものもありますが、心材につく色は心材

図1·9　辺材と心材の差が明確なスギ（左）と不明確なアカマツ（右）

化によって生じた化学成分の色なのです。なお、この化学成分は防腐、防菌剤としての働きをします。一般に心材が辺材よりも腐りにくいのはこのためです。

よく建築材料関係の本に「心材は死んでいて、辺材は生きている」などと書かれていることがありますが、これは正確な表現ではありません。ごく単純に表現するなら、すべての細胞が死んでいるのが心材で、柔細胞しか生き残っていないのが辺材であるということになります。

同じく「心材は辺材よりも強い」などと書かれていることがありますが、これは心材のほうが「腐朽に対して強い」ということを意味しています。決して心材の強度が高いという意味ではありません。小径材、つまり細い材では、後で述べる未成熟材と成熟材の形成状態が強度に大きく関係しますし、強度を低減させる要因になりやすい節の状態も強度性能に関わってきますので、単純に「心材のほうが強度が高い」ということにはならないのです。

❖樹液の移動 —— 流れる音は聞こえるのか

根から吸い上げられた水分（木部樹液）は辺材の樹皮に近い部分を通って葉まで運ばれます。心材は通りません。心材では水分通導の必要がないので、針葉樹

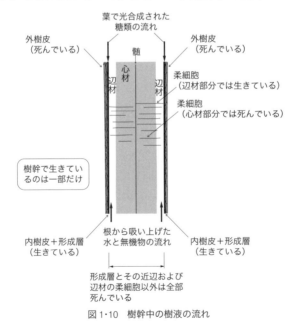

図1・10　樹幹中の樹液の流れ

では心材化する前から仮道管の壁に空いていた壁孔（へきこう）が閉じてしまいます。例外もありますが、広葉樹では、道管（どうかん）をとりまいている柔細胞が成長して道管内にチロースという組織を作ります。あるいはガム状の物質ができます。この結果、道管が詰まったようになり、水分の通導が阻止されます。

　なお、ここでいう水分の通導とはかなり大きな空隙を水が通っていくことを意味しています。細胞壁内で水分が多いところから少ないところに拡散する現象は当然生じます。つまり心材化したからといって、水や化学成分が細胞壁内でまったく移動できなくなるわけではありません。

　なお、樹液の流れる速度は非常にゆっくりしたものです。スギの場合、夏の蒸散の激しい時で1時間に20cm程度でしかありません。「樹幹に耳をつけると樹液の流れる音が聞こえる」などと本に書かれていることがありますが、こんな低速で移動している水から、人の耳に聞こえるような音が発生するわけがありません。ただ、木材は音をよく通しますので、樹幹に聴診器のようなものをあてれば、音が聞こえる可能性があります。しかし、それは樹液の流れる音ではありません。どこからか届いた何かの音を樹液の流れる音だと勘違いしているだけです。

❖年輪幅と方角の関係 ── 本当に南側の年輪幅が広いのか

　木に関するウソ常識の最右翼が「山の中で道に迷ったら切り株を見なさい、年

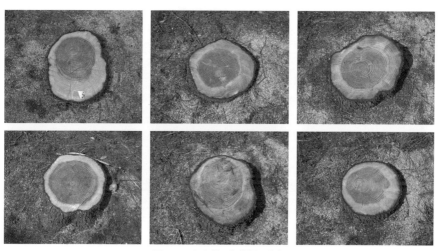

図1・11　切り株の年輪幅と方角

輪の広い方が南側だ」という話でしょう。筆者も小学校でそう教わりました。

　つくば市内の平坦な場所で、何本かの木の切り株を同じ方向を向いて撮影した写真が図1・11です。上の話が正しければ、年輪幅の広い方向はどちらかに統一されているはずですが、見てのとおり、まったくバラバラです。実際の方向は、写真の左上が南で、右下が北です。

　なぜこんなウソ常識を誰もが正しいと思い込んでしまったのかというと、おそらく次のような理由からだと思われます。今、ある山で日当たりの良い南側と日当たりの悪い北側に同じスギを植えたとします。すると日当たりの良いほうは成長が良くて、逆に日当たりの悪いほうは成長が悪くなります。つまり南側に植えられた木の成長が良いということになります。光合成される栄養分の量を考えると、これは十分に納得できる話です。

　ところが、ここから我々は頭の中で論理の飛躍をしてしまいます。つまり「南側の木が良く育つ」から「1本の木の南側も良く育つ」、だから「南側の年輪幅が広い」と勘違いしてしまうわけです。言うまでもなくそれは思い違いなのですが、間違っていることにまったく気がつかないのです。

　樹幹の中では、前節で述べた根から葉への木部樹液の流れとは別に、葉で合成された栄養を樹体内部に運ぶ樹液（混乱を避けるため、ここでは師部液と呼びます）の流れがあります。この師部液は形成層の外側にある内樹皮の部分を通って

図1・12　アカマツの葉と樹幹
葉で作られた栄養は内樹皮の中を拡散しながら降りてきます。水道管のような中を鉛直に降下するわけではありません。また、樹幹は葉とは異なり、強い直射日光にあたりたいわけではありません。

流れるのですが、水道管のような中空の管の中をまっすぐ鉛直方向に流れるのではなくて、広く拡散しながら移動します。また樹幹もねじれたり枝があったりしますから、たとえ、南側の葉で多くの栄養が合成されたとしても、それで樹幹の南側が偏って成長することにはなりません。さらに、厚い樹皮におおわれた樹幹に日光があたったからといって、その部分の成長が促進されるわけではありません。

　では何故、偏心が生じることがあるのかというと、これにはいろいろな因子の影響が考えられます。ただ、因果関係としてはっきりとしているのは、樹幹や土地の傾斜です。後の項でもでてきますが、針葉樹では傾いた樹幹の圧縮側に特殊なアテ材ができることが多く、このため年輪幅が広くなることがあります。いずれの原因であれ、年輪幅の広さと地理的な方角とは無関係です。

❖成熟材と未成熟材の違い

　林業では、樹木の苗木を育てるのに、種（タネ）から育てる場合と、挿し穂を取って挿し木を育てる場合とがあります。後者では、1本の母樹から取ったもの同士は同じ遺伝情報をもった「クローン」ですが、周りの環境のちがいによって様々な仕組みが働き、まったく同じ樹になることはありません。

　また、1本の丸太の中でも部位によって性質が異なります。その典型が樹皮に近い「成熟材」と髄に近い「未成熟材」の性質の違いです。

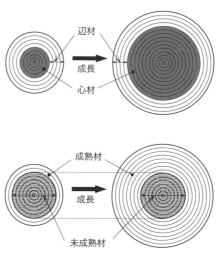

図1・13　心材と辺材の関係（上）、成熟材と未成熟材の関係（下）

未成熟材とは若い形成層から形成された細胞群、つまり樹心に近いところに形成された木部のことをいいます。未成熟材の量は樹種によって異なり、また辺心材のように目で見て簡単に区分できるものではありませんが、たとえば、スギならば丸太の中心（髄）から直径10数 cm くらいまで、あるいは中心から 10 ～ 15 年くらいまでが未成熟材といわれています。この部分では細胞の長さが短く、変形のしにくさの指標であるヤング率（弾性係数：**8** 節☞ p.80 で後述）が低くなります。一方、成熟材とはそれ以降に形成された部分（材の樹皮側）のことをいいます。

　先に述べたように、木材ではいったん形成されて木化した細胞壁が構造を変えてしまうことはありません。したがって、未成熟材はいつまで経っても未成熟材のままです。年とともに未成熟材が成熟材に変化するということはありません。

　肥大成長の初期にヤング率の低い未成熟材が形成される理由には、いろいろ議論があります。定説はないのですが、材料設計という立場からみれば、その理由は幹全体を柔らかくして変形に対する吸収エネルギーを高めておかないと、強風などの力によって幹が簡単にポキンと折れてしまうからではないかと考えられます。つまり、「柳に風」のような形態になって風の圧力を弱めるために、幹の組織構造が自然にそのような形に形成されるのではないかと思われます。もちろん、ある程度以上に幹が太くなってくると樹体をしっかりと支えなければならなくなるので、それ以後に形成される成熟材の細胞では、ヤング率が高くなり、幹は曲がりにくくなるわけです。

　公園の樹木を支える木杭などに用いられている間伐小径材が一般的な木材に比べて強度的に劣ることが多いのは、材の中に含まれる未成熟材の割合が高いからです。

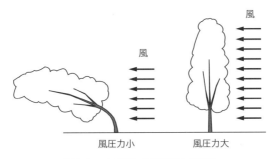

風

風

風圧力小　　　　風圧力大

図 1・14　大変形による風圧力の減少

ここで注意しなければならないのは、①「辺材」と「心材」の関係と、②「成熟材」と「未成熟材」との関係（図1・13）を混同してはいけないということです。前者の「心材化」は柔細胞の生死、それによる化学成分の変化を伴う現象であって、心材部分は年月を経るにつれて増大していきます。これに対して後者では、いったん形成された未成熟部分が増大することはありません。成熟部分だけが年月を経るに従って増えていくのです。このように、1本の木の中に辺材と心材、成熟材と未成熟材が混在するわけですから、両者を区別して表現しないと誤解を生みやすいのです。

❖アテ材

　樹木は植物ですから、いったん根を生やしたら、その場所から動くことができません。我々人間のように、生活環境が気に入らないからといってその場所から逃げ出すことはできません。このため、樹木は環境に合わせて自分の体の一部を徐々に作りかえていきます。

　このような生育環境に対する樹木の適応機構としてよく紹介されているのが、「アテ材」と呼ばれる特殊な細胞組織です。ただ、建築関係の書籍ではちょっと首をかしげるような説明が書かれていることが多いので（口絵その3 ☞ p.10を参照）、ここでは少し詳しく説明しておきます。

　斜面で発芽した芽はガケ地のような極端な急傾斜でなければ、図1・15からも明らかなように、基本的には負の屈地性に従って上方へと伸びていきます。また、

図1・15　斜面での芽生えと成長（左、中：クヌギ、右：クロマツ）

我々が普段目にする人工林のスギやヒノキでは、特殊な例外はあるにしても、平地であれ斜面であれ、苗木の幹が重力方向に、つまり葉の先端がまっすぐ天に向かうように植えられます。ところが、何らかの事情、たとえば雪が斜面を滑り落ちる時の圧力などによって樹幹が傾いた場合や、屈光性が優先されて樹幹が垂直に成長できなかったような場合、針葉樹では幹の下側すなわち圧縮力が作用する側に特殊な「圧縮アテ材」が、逆に広葉樹では幹の上側に「引張アテ材」が形成されることがあります。アテ材が形成されるのは、重力の刺激に対して成長ホルモンが偏って存在するようになるのが直接の原因と考えられていますが、その目的はアンバランスになった自重によって生じる内部応力を補正することにあります。

　アテ材は正常材に比べて、かなり特異な組織構造をもっていますが、いずれにしても、圧縮アテ材ではリグニンが多くて圧縮強度が高く、引張アテ材ではセルロースが多くて引張力に耐えやすいような組織が形成されています（**3**節 ☞ p.41 参照）。

　傾いた樹幹を垂直に補正しようとしてできる樹幹根元の曲がりを「根曲がり」と言います。図1・16左は、おそらく積雪による圧力によって生じたスギの根曲がりです。同じく図1・16右は、台風によって傾いた樹幹を補正しようとして生じたコナラやアラカシの根曲がりです。図1・17左からもわかるように、斜面に生育しているからといって、必ず根曲がりが生じるわけではありません。ある程度太くなってから傾いた場合にはもはや曲げることはできません。

　なお、九州で使われるスギの林業品種に「ヤブクグリ」という根曲がりができ

図1・16　根曲がり（左：スギ、右：広葉樹）

図1・17　根曲がり（左：クヌギ、右：ヤブクグリ）

やすい品種があります。積雪の少ない地方でこのスギの根曲がりを見ると奇異に感じられますが、これは遺伝的な影響が現れているためと考えられています。同様にヒノキの実生苗でも平地で根曲がりになりやすいものがあります。

　アテ材は、外からの偏った力に対して樹体のバランスを保つという合目的的な特性を持っています。しかし、正常材に比べて極めて特異な構造と特性を持っているために、木材としては、ねじれ、くるい、まがり、割れといった欠点が生じやすくなります。このため、構造的な利用では嫌われるのが普通です。ただし、根曲がりをうまく利用した古民家の梁のような例もあります。

❖枝の出し方と枯らせ方 ── 樹の南側に枝が多く出るのか

　アテ材以外にも、樹木が周りの環境に合わせて自分の体の一部を作りかえる例としてあげられるのが、枝の出し方と枯らせ方です。

　動物である我々にはわかりづらいことですが、一般に樹木は厳しい生存競争のなかで育っています。動物ではたとえばライオンの一族や、ニホンザルの群れなどのように、同族が協力して生きていくことがありますが、植物の場合、基本的にまわりは全部、競争相手です。同じ樹種あるいは自分自身のクローンであっても、競争相手になります。生存競争が激しいと、樹木は効率が悪い部分を切り捨てるという作戦をとることがあります。

　高木が平坦地で孤立して生育している場合、その樹形は左右でまずまずバランスがとれた対称形になっています。なぜなら、四方八方に枝を出すほうが、効率

図1・18　隣接したメタセコイヤ（左：冬、右：夏）
日光が得られない部位には枝と葉を配置しない。枝が多い方向は
まったく逆。写真の左が北、右が南。

良く日光を吸収できますし、枝の重量がバランスしているほうが、アテ材のような偏った自重を支えるための特殊な組織構造を作る必要がないからです。ところが、競争相手との間で日光をめぐっての競争がある場合、樹形は様々に変化します。もちろん例外もありますが、基本的には「明るいところに枝と葉を重点的に配置する」（日本生態学会編『森の不思議を解き明かす』文一総合出版、2008年）という法則にしたがって、高木の樹形は変化します。

　その一例が図1・18です。2本のメタセコイヤが隣り合って生育していますが、左の樹では明らかに左側に枝が多く、右側では枝が少なくなっています。一方、右の樹ではその逆の現象が生じています。つまり、先に述べた法則に従って、枝は日光を得やすい側に多く、陽当たりが悪くて光合成の効率が悪い側では、枯れ上がっています。ちなみに、写真の左側が北で、右側が南です。当然、地理的な方角と枝の出方とは無関係です。

　このことを示すもう一つの例が、林内の樹と林の端部にある林縁の樹との関係です。これはつくばの平地にあるヒノキの人工林です。図1・19ではわかりにくいかもしれませんが、林の左側（北側）に道路があります。この例でも、林縁の樹では、日光を得やすい樹幹の北側に枝が多く、右側（南側）の枝は枯れ上がっています。もしこれらのヒノキを伐採すれば、その材は北側に「生き節」が多くなるはずです。

　なお、図1・20で模式的に表しているように、左側に道のような空間があって

図1・19　林縁のヒノキ
日光が得られる北側に枝をだしている

図1・20　林縁の樹（左）と林内の樹（右3本）の枝

光を得られる林縁の樹と、林内の樹では枝の枯れあがり方は明らかに異なります。

　上の2例の樹種はいずれも針葉樹ですが、広葉樹であっても「明るいところに枝と葉が配置され、光合成の効率の悪い葉や枝は切り捨てられる」という基本的なルールは変わりません。街路樹が光を得やすい道路側に枝を広げ、両側から道の上にはみだしてくるというのは、よく見られる風景ですが、これもまた先のルールに従っているわけです。

　いずれにしても、これらの例から明らかなように、枝の出方と数は東西南北の方角とは関係がありません。もちろん、立地条件によっては、何らかの傾向がみられる場合もありますが、基本的に「樹木の枝は南側に多い」、あるいは「樹木の節は南側に多い」という説は成立しないのです。

❖成長応力

　アテ材のように組織構造が大きく変化してしまうわけではないのですが、やはり環境に対する適応機構として樹木が持っているメカニズムに「成長応力」があります。あまり知られていないことですが、実は樹木が立っているときには樹幹の外側に引張の内部応力が生じています。つまり、樹幹の外側が常に上下から引っぱられているような状態になっています。このように成長に伴って樹幹の中に生じている力を成長応力といいます。

　樹幹では、風によって横から曲げの力が働いたときに、風上側で引張応力が、

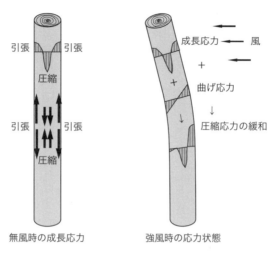

図 1・21　樹幹内の曲げ応力と成長応力の模式図

風下側で圧縮応力が発生します。樹幹はそれでなくても自重による大きな圧縮荷重を支えていますので、圧縮力を受けるほうが引張力を受ける場合よりもダメージが大きくなりやすいわけです。したがって、このような引張応力を予め与えておいて、大きな圧縮応力が発生するのを防いでいるのです。ただ、南洋材の一部には「脆心材」といって、あまりに成長応力が強すぎて樹心の部分が圧縮破壊してしまうものもあります。

　製材する時に、まっすぐ挽いているつもりでも、材が曲がってしまうことが時々あります。この挽き曲がりは、内部に生じているいろいろな成長応力が原因になっていることが多いのです。家具用材などで木材を長期間放置して枯らしておくのは、もちろん乾燥させるという意味もありますが、このような木材内部に発生している成長応力が自然に消失するのを待つという意味もあるのです。

　また、樹齢数百年といった古木のなかにはいわゆる「洞」ができているものがありますが、この生成には単に樹病菌や虫だけではなく、成長応力が一因となっている場合もあります。

　ここまで説明してきたように、様々な環境変化に適応するための機構が樹木の中には存在しています。それは樹木が進化を遂げてきたなかで獲得してきた生物体としての特性です。したがって、人類が木材を利用しようとするときに、これらの特性が多少なりとも障害になってしまうのはいたしかたのないところでしょう。

❸ 木材の強度発現メカニズム
──どうして木材が強いのか

❖**化学成分とミクロな構造**

　木材の組織構造に関してはすでに説明しましたが、化学的な視点からすれば、木材の細胞壁は「セルロース」「ヘミセルロース」「リグニン」という3種類の主成分から成り立っています。いずれも天然高分子に分類される炭素化合物ですが、その化学構造はかなり異なっています。化学的な話はあまり本書の内容とは関係ありませんので、ここでは最少限のことだけを説明しておきます。

　まず、セルロースはブドウ糖（グルコース）の分子が鎖状に長く結合したものです。ただそれが1本1本、バラバラに存在しているのではなく、まとまって束のような状態で存在しています。ヘミセルロースは数種類の糖からできていますが、セルロースのように糸状ではなく無定形のままです。リグニンは両者のような多糖類ではなくて、フェノール性物質である芳香族系化合物が非常に複雑に重合したものです。これもまた不定形であり、結晶構造をもちません。樹種によって異なりますが、木材に含まれるセルロース、ヘミセルロース、リグニンの比率は一般に2：1：1程度です。

　化学的な構造はともかくとして、これら三つの主要成分の強度的な働きを鉄筋コンクリートにたとえれば、セルロースが鉄筋、リグニンがコンクリート、ヘミセルロースが両者のなじみをよくする鉄の番線か接着剤のようなものです。なおこれら3種類の主要成分のうち、木材を軽くて強い複合材料にさせている主役が細胞壁の骨格を形成しているセルロースです。

　セルロースは上で述べたように、長く結合した分子が束になって集合した状態で存在しています。この細い繊維状の筋を「ミクロフィブリル」といいます。ミクロフィブリル内のセルロースは結晶した領域と結合が緩やかな非結晶の領域からできています。ミクロフィブリルは電子顕微鏡で観察できますが、その内部の状態は直接観察することができません。そこで、間接的な実験結果に基づいて、その構造に関するモデルがいくつか考えられてきました。

　図1・22にモデルの一つを示します。ミクロフィブリル内部で結晶領域と非結晶領域が存在していて、そのミクロフィブリル同士が長さ方向にならんでいる様

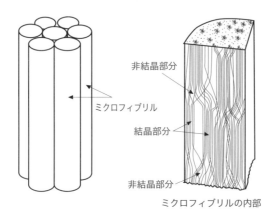

非結晶部分

ミクロフィブリル

結晶部分

非結晶部分

ミクロフィブリルの内部

図1・22　ミクロフィブリルの構造模型（北原覚一『木材物理』森北出版）

子が示されています。ミクロフィブリルはこのような構造をしているので、長さ方向の力に対する抵抗力が高くなると考えられます。つまり繊維の長さ方向の強度特性が高いのです。

　なお、水の分子は非結晶領域やミクロフィブリルの間に吸着（きゅうちゃく）します。このため、木材の細胞壁中に水分が多くなると、水素結合が緩くなり、その結果として外力に対して変形しやすくなると考えられています。

❖細胞壁の構造

　上で説明したように、木材の細胞壁は繊維状のミクロフィブリルとその間に充填されたヘミセルロースとリグニンから形成されています。しかし、三者が混然となって存在しているわけではありません。実はミクロフィブリルは一定の規則性をもって並びながら、極めて巧妙にそして合理性をもって細胞壁を形作っているのです。

　細胞壁は一次壁と二次壁（外層、中層、内層）から形成されていますが、いずれの層でもミクロフィブリルの配向が異なっていて、いろいろな角度勾配をもって中空に巻き付いたような形態をしています（図1・23）。特に最も厚い層（二次壁中層）ではミクロフィブリルが繊維軸に対して10～30°の勾配で螺旋状（らせんじょう）に配列しています。

　このように最も厚い二次壁中層において、ミクロフィブリルが長さ方向に並んでおり、そしてそれがちょっと傾いてらせん状になっていることが木材の強度発

現機構を特徴づけています。当然のことながら、細胞の長さ方向の強度性能が最も高いことになるわけです。なお、ミクロフィブリル間や各層の間にはヘミセルロースとリグニンが充填されています。なお、このようなミクロフィブリルをナノのオーダーにまで解繊したものがセルロースナノファイバー（CNF）です。

　細胞壁の構造は、たとえばスキーの板や軽量船舶のボディに使われる繊維強化プラスチックの構造とよく似ています。というよりも、これらの複合材料は木材の組織構造を真似したものであるといってもよいでしょう。もちろん、現代の複合材料製造技術をもってしても、木材のように微細で複雑な構成の複合材料を作ることは極めて困難です。

　木材の方向を表現する場合、材の長さの方向をL方向（繊維方向）、木材の中心（髄）から外に向かう方向をR方向（半径方向または放射方向）、それと直交

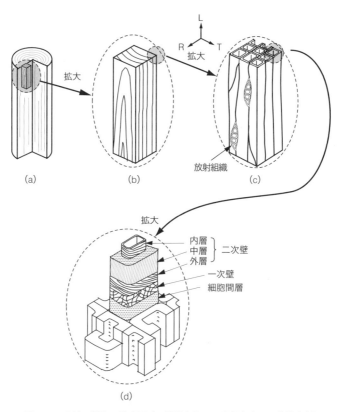

図1・23　木材の構造の模式図（L:繊維方向、R:半径方向、T:接線方向）

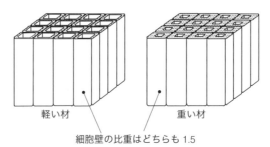

細胞壁の比重はどちらも 1.5

図1・24　軽い樹種（左）と重い樹種（右）の模式図

する方向を T 方向（接線方向）と呼んでいます。

　R 方向と T 方向の大きな違いは、放射組織が髄から R 方向に形成されていることと、早晩材の層（年輪）が R 方向に形成されることです。なお、このように方向によって性質が異なることを「異方性(いほうせい)」といいます。ついでに言うと、反対語は「等方性(とうほうせい)」です。

　ここまでの説明から明らかなように、木材の繊維方向の圧縮強度や引張強度は細胞壁の厚さが厚いほど高くなります。言い換えると、単位体積あたりに存在する細胞壁の量が多いほど強度が高いということになります。したがって、早材と晩材を比較すると、細胞壁の厚い晩材のほうが強度が高くなります。また樹種に関していえば、軽い樹種よりも重い樹種のほうが一般に強度が高くなります。

　なお、たいへん不思議なことに、極めて多くの樹種があるのにもかかわらず、木材の細胞壁の比重はおしなべておよそ 1.5 です。つまり軽い樹種とは単位体積あたりの空隙が多い材のことであり、逆に重い樹種とは単位体積あたりの空隙が少ない材のことであるといえるのです。したがって、たとえバルサやキリのように比重が低くて軽い材であっても、もしすべての空隙に水を満たすなら、その材は水中に沈んでしまうことになります。

　それにしても、このような複雑で巧妙な構造を何の苦もなく作ってしまう樹木の不思議さには驚嘆するばかりです。

4 木材の物性と水分
──水によって特性が変わる

　木材の強度特性に影響を及ぼす因子には様々なものがありますが、最も重要なものは木材中に含まれている水分です。

　樹木が立っているとき、辺材であれ心材であれ、細胞壁や細胞の空隙内には水分が多量に含まれています。伐採した後の皮付き丸太の状態ではそれほど変化はありませんが、製材されて材料としての表面積が大きくなると、材の表面から水分が空気中に放出されやすくなります。未乾燥で水分を多量に含んだままの木材を生材あるいはグリーン材と呼びます。

❖含水率

　意図的に屋外で天然乾燥したり、乾燥機にかけて人工的に乾燥しなくても、乾いた大気中に放置しておくと木材は徐々に乾いてゆき、ある水分量で平衡状態になります。平衡になった時の水分量は、周囲の気温と湿度によって異なります。水分量とはより正確には（水分の質量／木材実質の質量）です。これを木材の「含水率」といいます。

　木材の含水率は、一般的な物質の含有水分の概念とは異なるので注意が必要です。木材関連の資料で、含水率がたとえば150%であるというような表現をみる

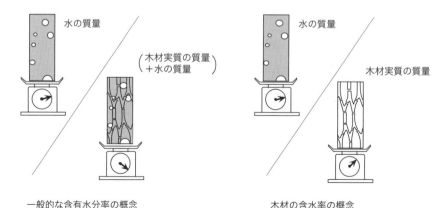

一般的な含有水分率の概念　　　　木材の含水率の概念

図1・25　一般的な含有水分の概念（左）と木材の含水率の概念（右）

ことがありますが、これは何も奇異なことではありません。一般的に含有水分というと材料の重さに対する材料中に含まれる水分の重さ（したがって100%を超えることはない）をイメージするのに対し、木材の場合は木材実質（水分がカラカラの状態の木材の重さ）に対する含有水分の重さを含水率と表現するからです。このように含水率で100%を超える値がでることは、たとえば「乾いた状態でのスポンジは非常に軽いが、水を含んだ状態では元の何倍もの重さになる」ことを考えれば、簡単に理解できるでしょう。

　なぜ木材関係でこのような含水率（乾量基準含水率）を使って、水分を含んだ状態の重さを基準にする含水率（湿量基準含水率）を使わないのかというと、
①乾量基準の方が水分量の変化がわかりやすいから、
②自由水のない繊維飽和点以下（次項を参照）では、乾量基準含水率といろいろな木材特性との間に直線的な比例関係が存在することが多いから、
③湿量基準では、いくら水でズブズブな状態でも絶対に100%以上の値にはならないから、
といった理由が考えられます。

　なお、木材関係でも製紙用のチップなどでは、木材の実質がすぐに推定できる湿量基準を使うのが一般的です。

❖平衡含水率

　水分が平衡状態に達したときの含水率を「平衡含水率」といいます。木材は大気中で使われるのが普通ですから、この平衡含水率を特に「気乾含水率」、またこのような状態の木材を「気乾材」といいます。

　普通の木造住宅では地表面からの位置が低いほど湿度が高いので、床下などにある木材の気乾含水率は2階の梁や柱のそれに比べて高くなる傾向を示します。よく乾いた場所、たとえばエアコンの風が直接吹き付けるような個所では、10%以下になることもありますし、逆に通気が悪くてじめじめした場所では18%程度になることもあります。一般的には12〜15%程度と考えておけばいいのですが、この値はもちろん地理的な位置によって違いますし、季節によっても変動します。

　不思議なことに、上に述べた含水率の特性はどんな樹種でも同じです。ある同一の温湿度条件下にあれば、どんな樹種の平衡含水率も若干の差はありますが、基本的にはほぼ同じになります。たとえば、ある部屋の同じ場所に長時間放置し

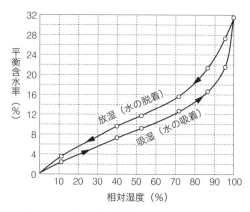

図1·26　水分の吸着と脱着におけるヒステレシス

てあった樹種 A の含水率が 12%で、樹種 B のそれが 18%であるということにはなりません。

　ただし例外があります。まったく同じロットから採取した木材のサンプル同士であっても、平衡含水率が数%異なってしまうことがあります。実は、生材をそのまま放置して水分を脱着させた場合と、いったんかなり低い含水率まで乾燥させてから放置して水分を吸着させた場合とでは、平衡含水率が異なるのです。この関係を示したものが図 1・26 です。図から明らかなように、一度乾燥させたサンプルのほうが平衡含水率は常に低くなります。このように、いわば往きと還りで経路が異なる現象を「ヒステレシス」といいます。

❖水分変化と変形

　気乾含水率の状態よりも、もっと木材を乾燥させたいなら、熱を与えてやれば含水率はさらに低下します。100℃ 程度で長時間乾かせば、結合水も全部放出されてしまいますので、木材はカラカラになります。この状態を「全乾状態」といいます。このときの重量が木材実質の重量ということになります。先に述べた含水率の計算には、分母にこの値を使います。

　水分を大量に含んだ状態（生材）からカラカラの全乾状態に至るまでの経過を模式的に示したものが図 1・27 です。なお細胞壁が途切れているところは壁孔という穴が開いていることを示していますが、心材ではほとんど閉鎖されています。この図には左から右に進むにつれて木材が乾いてゆくことが示されていますが、

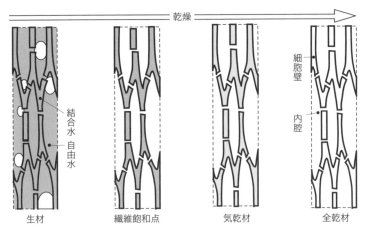

図 1·27　木材中の水分の変化

　その経過は単調ではなく、途中で大きく様相がかわるところがあります。

　木材中に含まれる水分には細胞壁に吸着している「結合水」と、細胞の内孔などに自由な状態で存在している「自由水」とがありますが、比較的動きやすい自由水が全部出ていったときが、様相が変わる境界点です。この点のことを「繊維飽和点（FSP：Fiber Saturation Point）」といいます。繊維飽和点は木材の樹種に関係なく含水率が 25 〜 30%のところにあります。

　木材の強度特性は、この繊維飽和点を境にして、大きく変化します。つまり自由水が存在する間は細胞壁内の状態は変化しませんが、結合水が減少し始めると、強度が上昇し始めます。もちろん、含水率が低ければ低いほど強度が高くなります。これはすでに説明したように、非結晶領域やミクロフィブリル間に吸着する水分が減りはじめると、水素結合が強固になり、外力に対して変形しにくくなるからです。我々の一般的な感覚としては、物質の水分が減少すると、パサパサになって強度が落ちてしまうように感じてしまいますが、木材に関してはまったく逆です。

　乾燥によって単純に強度が上がるのなら特に問題はありませんが、繊維飽和点を境にして細胞壁の変形、つまりくるいが生じ始めるので、実用上の様々な問題が生じます。またさらに面倒なことに、変形の量が方向によって異なるので、くるいが均等になりません。

　木材が水分を脱着して収縮するときには細胞が横に縮むので、T 方向が一番大

きく変形し、変形が拘束されやすいR方向では、それより小さくなります。L方向では両者より変形がはるかに小さくなります。これら三者の比は、おおよそL：R：T＝0.5〜1：5：10です。もちろん乾く場合だけではなく、湿る場合、つまり乾いた木材が水分を吸着して膨潤する場合にも同じような方向による差が生じます。

　また、比重が高いほど、つまり単位体積あたりに存在する細胞壁の量が多いほど膨潤収縮の量は大きくなります。したがって早材と晩材を比較すると、晩材のほうが水分変化による膨潤収縮量が大きくなります。このように、木材には組織構造の異方性だけではなく、それに由来する膨潤や収縮にも異方性があります。さらに部材の木取りの方法によっても膨潤収縮の量が異なります。これらのことが、木材の取り扱いを難しくしている大きな原因です。

　なお、ここまでの説明で、木材中の水分が簡単に移動できるような印象を持たれたかもしれませんが、結合水の分子はセルロースの分子に引き寄せられていますので、また先の節で述べたような複雑な組織構造がありますので、そう簡単には動いてくれません。たとえば、材が厚い場合、表面は乾いているように見えていても、内部はぬれたままという状態が生じます（このような状態を水分勾配あるいは水分傾斜があるといいます）。このように水分が偏在してしまうことが様々な問題、たとえば材の表面は乾いて収縮したいのに、内部がそれに追従してくれないので割れが生じるといったトラブルを引き起こすことになるわけです。このことについては **20** 節 乾燥 （☞ p.138） の項でまた詳しく述べます。

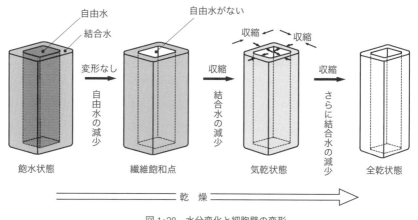

図1・28　水分変化と細胞壁の変形

❖板目板の反り

　木材の変形と水分の関係について妙な誤解をしている人はたくさんいます。た
とえば、図1・29に示すように生材の板目板が乾燥するときには木表側に凹に
反ってしまいますが、多くの人がこの原因を「木表側のほうが水分が多いから」
と誤解しています。実は筆者も中学校の技術家庭科の授業で、先生からそのよう
に習った記憶があります。

　口絵その4（☞ p.11）の写真にも示しておきましたが、もし板を長時間水中に
漬けておいて、木裏も木表も同一の含水率にして、それを乾燥したとしてもやは
り「反り」は生じます。また、気乾状態で長時間放置すれば、木裏も木表も同じ
含水率になりますから、上の理屈が正しければ、それ以上変形しなくなるはずで
すが、さらに乾かしてやれば、またそりが生じます。ということから明らかなよ
うに、上のような説明は明らかに間違っています。

　建築関係の書物で「木表側のほうが比重が高いから反りが生じる」と説明され
ていることがありますが、これも正しい答えではありません。木表側が必ず比重
が高くなるわけではありませんし、比重がほぼ均一とみなせるような薄い材でも
反りは生じるからです。さらに「辺材のほうが心材より柔らかいから反る」とい
う説明もありますが、辺材だけあるいは心材だけの材でも同じように反りが生じ
ます。

　なぜ板目板が乾くと木表側に凹に反るのかというと、ごく簡単に言えば、「木表
側のほうが必ず収縮率が高くなるから」です。すでに説明したように、接線方向
の収縮率と半径方向の収縮率は、およそ2：1です。これを図示すれば図1・30
のようになります。

　この図の(2)にあるように、仮に、半径方向の収縮率が1.0％だとすれば、接線方
向は約2倍収縮するので、接線方向の収縮率が2.0％になります。当然のことなが

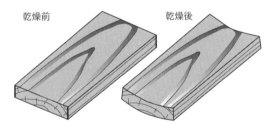

乾燥前　　　　　　　乾燥後

図1・29　乾燥による板目板の反り

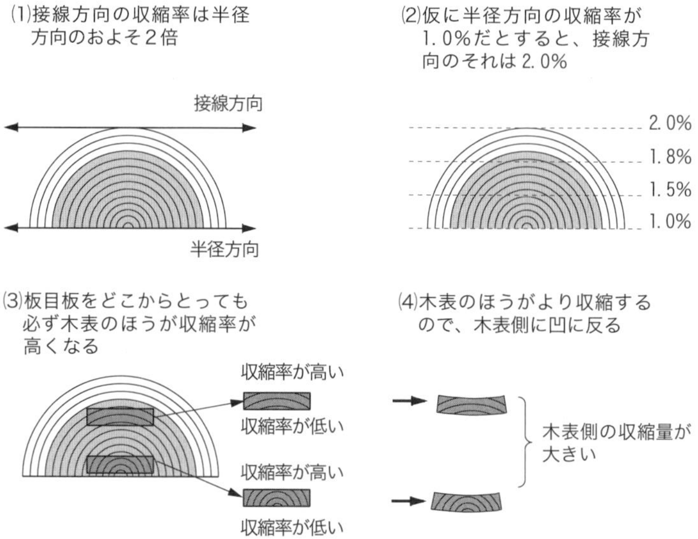

(1)接線方向の収縮率は半径
　方向のおよそ２倍

接線方向

半径方向

(2)仮に半径方向の収縮率が
　1.0%だとすると、接線方
　向のそれは2.0%

2.0%
1.8%
1.5%
1.0%

(3)板目板をどこからとっても
　必ず木表のほうが収縮率が
　高くなる

収縮率が高い

収縮率が低い

収縮率が高い

収縮率が低い

(4)木表のほうがより収縮する
　ので、木表側に凹に反る

木表側の収縮量が
大きい

図1・30　板目板が木表側に凹に反る理由

ら、収縮率の値は半円の最下部から外縁部に近づくにつれて、1.0%から、1.5%、
1.8%と徐々に高くなり、最外縁部では2.0%になります。

　したがって、図(3)にあるように、板目の板であれば、どこから木取りしてきて
も、木表側が必ず収縮率が高くなり、図(4)のように、乾燥によって木表側に凹の
反りが生じるのです。

❖収縮・膨潤異方性の原因

　上の説明では、接線方向の収縮率と半径方向の収縮率は、およそ２：１である
ことを前提に解説しました。それではなぜ木材の収縮率が半径方向と接線方向で
異なるのかというと、そもそも木材細胞の接線方向の壁（接線壁）が、半径方向
の壁（放射壁：半径壁）よりも収縮しやすい構造になっているからです。

　具体的には、図1・31に示すように、

①放射壁には水を通すための壁孔などが多く存在し、ミクロフィブリルが整然と
　並んでいないので、収縮量が比較的小さくなること、

②放射壁と接線壁では、二次壁中層のミクロフィブリルの傾斜角度が異なるので、
　繊維が寝ている放射壁のほうが、収縮量が小さくなること、

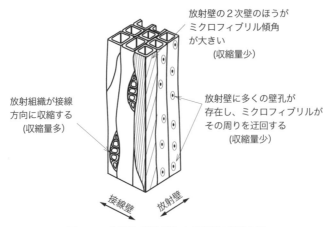

放射壁の２次壁のほうが
ミクロフィブリル傾角
が大きい
(収縮量少)

放射組織が接線
方向に収縮する
(収縮量多)

放射壁に多くの壁孔が
存在し、ミクロフィブリルが
その周りを迂回する
(収縮量少)

接線壁　　放射壁

図1・31　放射壁（半径壁）と接線壁の構造の差

③放射組織は髄から外に向かって並んでいるので、接線方向には収縮しやすいが、
　半径方向には収縮しにくいこと、
などが両者に差がでるメカニズムとして考えられています。なお、ここまでの説明では収縮について書きましたが、これを膨潤（ぼうじゅん）と置き換えても理屈はまったく同じです。

　もう少し巨視的な説明としては、図1・32に示すように、放射組織が収縮を阻止するので、半径方向の収縮量が小さくなるというメカニズムが考えられます。ただし、放射組織の量が少ない針葉樹については、このメカニズムだけでは説明

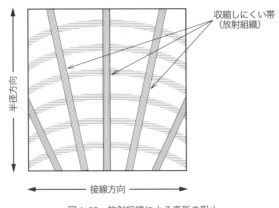

収縮しにくい帯
（放射組織）

半径方向

接線方向

図1・32　放射組織による変形の阻止

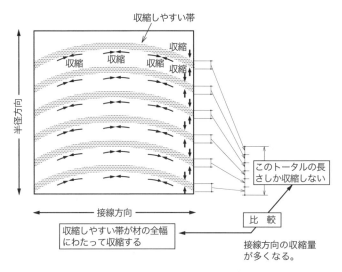

図1·33 早晩材の構造と変形の差

がつきにくいのです。

　また、比重が高くて収縮率の大きい（縮みやすい）晩材と、比重が低くて収縮率の小さい早材とが層構造を形成しているから両者の差が生じるという説明もできます。つまり、図1·33に示すように、接線方向では、晩材が材の全体にわたって存在するのに対し、半径方向では晩材の厚さの総計分しか存在しないので、接線方向の収縮量が半径方向よりも大きくなるというわけです。ただし、年輪の存在しない材や早材だけでも両者に差がでるので、この説だけでは説明がつきません。

　以上、木材の収縮異方性の原因となるメカニズムをいくつか簡単に紹介しましたが、実際にはこれらが複合的に働いて現象が生じているものと考えられています。

❖異常収縮

　建築材料の教科書でこの現象を説明しているものを見たことがないので特に強調しておきたいのですが、木材に一定の外力が作用したまま乾燥していくと、負荷のない状態で単純に乾燥した場合よりもはるかに大きな収縮が生じます（図1·34）。これが水分非定常乾燥状態における異常収縮現象です。一般に「メカノ

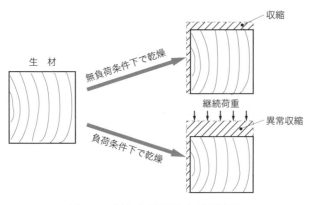

図1·34　木材の加圧収縮による異常収縮

ソープティブ変形」と呼ばれています。

　常に大きな荷重が作用している接合部などで、十分に乾燥されない状態の木材を使用すると、このような異常な変形が生じやすいので特に注意する必要があります。厳密さを要求される建築物であればあるほど、未乾燥材が嫌われてしまうのは、このようなところにも原因があるのです。

　なお、圧縮力ではなくて、引張力が働いた状態で木材が乾燥すると、無負荷で乾燥する場合より小さな収縮量しか生じません。これがテンションセットと呼ばれる現象です。乾燥による表面割れ（材面割れ）を防ぐために、人工乾燥工程の初期段階でわざと表面にテンションセットを生じさせる技術が 2000 年初頭に開発されました。4 章で詳細に説明しますが、在来軸組構法の柱に多用されるスギの心持ち正角のように材面の乾燥割れが生じやすい製品には、「高温セット法」とよばれるこの技術が応用されています。

❖スプリングバック

　木質材料（次節 **5** 参照）では、木材をいったん小さなエレメントに分解してそれを接着剤で再構成します。この時、集成材のような製品ではそれほど大きな圧力を必要としませんが、エレメントの小さな製品では、熱をかけながら強く圧縮して製造するのが普通です。このため、エレメント内部には元の形に戻ろうとする内部応力が発生しています。特に水分を吸着して含水率が上がるとその傾向が強く現れます。

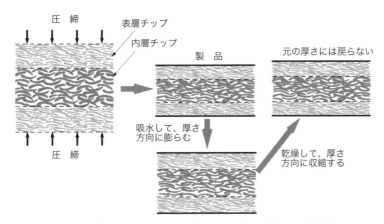

図1·35　パーティクルボードのスプリングバック（概念図）

　一般的なムクの木材であれば、たとえ水を吸い込んで膨潤しても、再度乾燥すると元の厚さに戻るだけです。しかし、熱圧成形された木質材料では、接着による拘束やプラスチックのように可塑化（かそか）されていた変形が膨潤によっていったん解除されてしまうと元の厚さには戻りません。この現象を「スプリングバック（はね戻り）」といいます。高い圧力と熱を作用させて製造される製品、たとえばパーティクルボードで、厚さ方向の寸法安定性が問題視されるのは、このためです。

　図1·35には、パーティクルボードの例を模式的に表現してありますが、熱圧成形された製品では多かれ少なかれこのような現象が起きやすいので、使用にあたっては、水分吸収に関する注意が必要です。

5 木質建材の種類
──さまざまな性能を持つさまざまな製品

　木質建材には、ほとんど加工せずにそのまま用いる丸太のような製品から、木質材料同士をさらに複合接着させた木質複合材料まで、さまざまな種類があります。これらの強度特性については5章で詳説しますが、英語を訳さずにそのまま使った用語や、英語の頭文字だけを使ったような名称の製品が多いので、混乱を避ける意味で、ここで簡単に用語の意味をまとめておきます（図1・36）。

❖用語の説明
1）木材・木質
　木材とは、樹木の成長によって樹皮の内側に形成される部分の総称です。ただ、寸法が小さい場合、たとえば、微細なパーティクルや粉体などは、木材としての性質を継承してはいますが、木材と呼ぶには無理があります。そこで、このような微細な構成要素の概念を付加して木材の意味を拡張した用語が「木質」です。

2）木質建材
　木質建材とは数ある建築材料のなかでも、木質を原料にしたものをいいます。建築関係では「木質系材料」と呼ばれることもあります。この用語は非常に広い意味を持っており、単なる製材や丸太、防腐土台のような化学処理木材、さらに

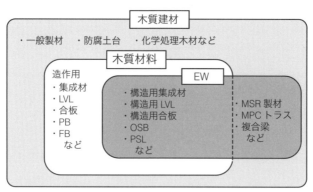

図1・36　木質建材・木質材料・EW（エンジニアードウッド）の関係
PB：パーティクルボード、FB：ファイバーボード、
MSR：機械等級区分、MPC：メタルプレートコネクター

は次に述べる木質材料もこの範疇（はんちゅう）に入ります。

3）木質材料

　木材をいったんバラバラの原料エレメント（ひき板や単板など）に分解し、それを乾燥した後、接着剤によって再構成した材料が木質材料（もくしつざいりょう）です。例外的に原料を乾燥しないものや接着剤を使わないものもあります。

　木質材料には、大きな力がかかる構造部材に使われる「構造用（こうぞうよう）」と、造作材や化粧材に使われる「造作用（ぞうさくよう）」があります。この区分は極めて重要です。木材利用の常識中の常識だといってもいいでしょう。造作用の製品は使用されている接着剤の種類が構造用とは異なり、また強度に関して品質管理されていませんので、構造用として使うことはできません。木質材料に対する誤解やトラブルの多くは、ユーザーがこの常識を理解していないことに由来しています。

　なお、JIS（日本工業規格）のなかには木材と木質材料を明確に区分せずに、木材と木質材料を含めたものを「木質材料」とよんでいる場合があります。早急な改正をお願いしたいところです。

4）エンジニアードウッド

　強度性能が工学的に保証された木質建材のことをいいます。正確な英語としては「Engineered Wood Products」です。構造部材を製造する際にエンジニアが最も関与しなければならない仕事、すなわち「工学的な手法によって強度性能を保証する工程」を経た木質建材がエンジニアードウッドです。わが国では「エンジニアリングウッド」という和製英語や、両者の頭文字からとったEW（イーダブリュー）という表現も使われることがあります。

　誤解されていることが多いのですが、この用語は「木質材料」を新しい用語として言い換えたものではありません。木質材料のなかでも造作用集成材のように化粧・造作用に用いられる製品は、強度性能が保証されていないので、EWではありません。「エンジニアード」という用語は、エンジニアが関与したという意味であって、大量生産、省力化、高度な生産工程というような「工業化」という概念とは本来無関係です。

　ただ、エンジニアードウッドを含め、加工木材、工業化木材、人工木材といった、どうにでも解釈できるような用語は混乱を生じやすいので、使わないほうが無難です。実態として、エンジニアードウッドもエンジニアリングウッドも、もはや死語になりつつあります。

❖軸材料と面材料

　木質材料には先に述べた構造用と造作用という分類と、材料の形態による分類があります。細長くて骨組みのような部材に使われるものが「軸材料（じくざいりょう）」で、平面的で板のような用途に使われるものが「面材料（めんざいりょう）」です。

　軸材料と面材料という分類は、便宜的なものであって、規格に定められたものではありません。ただ、形態別の分類のほうが説明しやすいので、ここでは軸材料と面材料とに分けて各製品についてごく簡単に解説します（図1・37、38）。なお、ここでの説明はわかりやすいことを主眼にしていますので、製品の厳密な定義は日本農林規格（JAS）や日本工業規格（JIS）を参照してください。

①軸材料

　軸材料の最も原始的な形が「丸太」です。伐採した材の枝を払い、適当な長さに切断し（玉切り（たまぎり）という）、樹皮を除去して使うのが普通です。ただし、それだけでは断面の形態が一定になりませんから、外側を丸く削って円柱形にして使う場合があります。これを「丸棒（まるぼう）」、またこの加工方法を丸棒加工（円柱加工）などといいます。

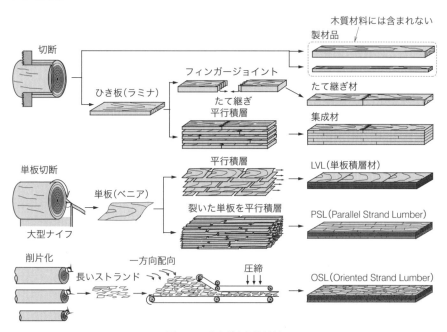

図1・37　さまざまな軸材料

わが国の林業では、人工林を健全に育てるために、間伐とよばれる「抜き伐り」が行なわれますが、そのさいに出材される間伐小径木の加工方法としてよく用いられるのが、この丸棒加工です。

　原木を帯鋸や丸鋸などで切断して形を整えたものが、「製材」あるいは「製材品」です。集成材との対比のためによく使われるようになったムク材（無垢材）という用語は製材とほぼ同義です。

　次に、製材したひき板や角材をフィンガージョイント（Finger Joint：FJ）とよばれる継手（**23** 節☞ p.157）によって縦方向に接着接合したものが、「たて継ぎ材」です。

　また、たて継ぎしてもしなくてもかまいませんが、ひき板を何枚も軸方向に積層接着したものが「集成材（Glued laminated wood）」です。

　一方、ひき板や角材ではなく、丸太をロータリーレースという機械で大根のかつら剥きのように薄い単板（ベニア：Veneer）を作り、それを軸と平行方向に何枚も積層接着したものが「LVL（エルブイエル：Laminated Veneer Lumber：単板

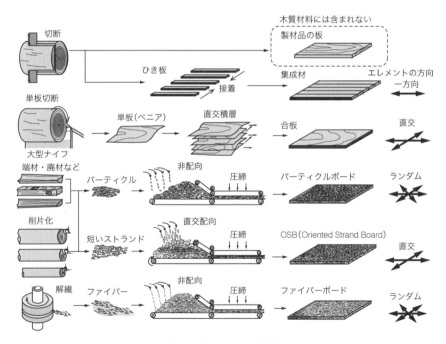

図1・38　さまざまな面材料

<ruby>積層材<rt>せきそうざい</rt></ruby>）」です。

　さらに、単板を縦に裂いて短冊状にしたもの（ストランド：Strand）を平行に積層接着したものが PSL（ピーエスエル：Parallel Strand Lumber：平行ストランド材）です。

　これとは別に、小径の丸太から直接ストランドをとって、それを一方向に並べて積層接着したものが、OSL（オーエスエル：Oriented Strand Lumber：<ruby>配向<rt>はいこう</rt></ruby>ストランド材）です。

②面材料

　図1・38は面材料の製造工程を示したものです。軸材料の場合でも同じですが、木材を鋸で切断して形を整えたものが、昔ながらの「製材」の「板」です。

　幅の狭い板や角材を幅方向に接着したものが「集成材（面材料では Edge glued panel）」です。集成材は軸材料としてばかりではなく、このような造作用の面材料としても使われます。

　丸太をかつら剥きして作った単板（ベニア）を、各層ごとに90°ずつ方向を変えながら奇数枚を直交積層接着したものが、「<ruby>合板<rt>ごうはん</rt></ruby>（Plywood）」です。

　使い途のない小径材や<ruby>端材<rt>はざい</rt></ruby>、あるいは建築廃材などを砕いて小片（パーティクル）にし、圧縮接着したものがパーティクルボード（Particle Board）です。

　パーティクルボードのなかでも、小径の丸太から小さな短冊のようなストランドをとり、これをトランプのように、表層では長さ方向に、中心層では幅方向に、うまく並べて（配向させて）積層接着したものが、OSB（オーエスビー：Oriented Strand Board：配向性ストランドボード）です。

　パーティクルよりもさらに木片を小さくして、繊維（ファイバー）にし、これを板状に固めたものがファイバーボード（Fiber Board）です。

　以上のような、いわば単体の木質材料以外にも、単体を組み合わせて作る製品があります。梁の上下に軸材料の構造用 LVL を配置して、それを面材料の OSB や構造用合板で結合したものが「I ビーム（アイビーム）」です（図1・39）。この製品はローマ字の I（アイ）のような断面形態を持っているのが特徴です。同様な構成で断面が箱形になっている製品がボックスビームです（図1・40）。

　廃プラスチックと廃木材をリサイクルできるという利点を売り物にしているのが「<ruby>混練<rt>こんれん</rt></ruby>型 WPC（木質－プラスチック複合体）」です（図1・41）。木材・プラスチック再生複合材（WPRC：Wood-plastic recycled composite）とよばれることも

あります。この製品は、木材を超微細な粉体に砕き、それをプラスチックに混ぜ込み、射出成形したもので、構造用ではありませんが、濡れ縁のような雨がかりの準構造用部材に多用されています（図1・42）。

図1・39　Ｉビーム（アイビーム）、別称 木製Ｉ型ジョイスト

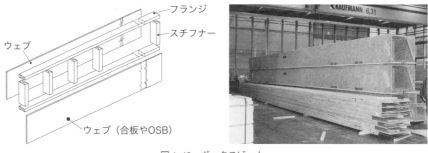

図1・40　ボックスビーム

図1・41　混練型 WPC（木質-プラスチック複合体）

図 1・42　混練型 WPC の典型的な利用法（濡れ縁）

　以上の製品以外にも、厚さが 24mm 以上もある「構造用厚物合板（通称ネダノン）」は在来軸組構法住宅の床などに多用され、施工性の良さと剛性の高さなどから、もはやデファクトスタンダード化しています。また、耐水性の高い接着剤を用いて構造性能を高めた構造用パーティクルボードや、構造用中密度ファイバーボード（MDF）も耐力壁用材料として市販されるようになりました。さらに、幅はぎしたスギラミナを 3 層直交積層した「スギ 3 層クロスパネル（J パネル）」（図 1・43）、同様にラミナを奇数層、直交積層して大型のパネル製品に加工した「直交集成板：CLT（クロス・ラミネイテッド・ティンバー：Cross Laminated Timber）」、人工乾燥された柱角を数本接着して重ね合わせた「接着重ね梁」などの新製品が登場してきています。

　以上、木質建材の分類と製品の種類についてごく簡単に説明しましたが、それぞれの製品の強度特性や加工方法などの詳細については、3 章と 4 章で解説します。

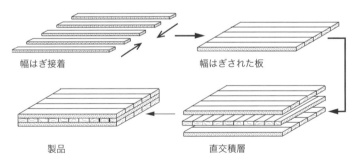

幅はぎ接着　　　　　　　幅はぎされた板

製品　　　　　　　　　　直交積層

図 1・43　スギ 3 層クロスパネル（J パネル）
JAS では CLT に含まれる。

❻ 構造用建築材料として木材の長所と短所
―― 木材の良さはここにある

　わが国では江戸時代の末期まで、建築の構造部材として用いられる材料といえば基本的に木材しかありませんでした。しかし、明治時代に入って鉄骨、レンガ、コンクリートといった新しい材料が登場し、さらに第二次世界大戦後にそれらが一般的な住宅にも多用されるようになると、構造用建築材料としての木材の持つ長所と短所とが、他材料との比較のなかで評価されるようになりました。

　特に、昭和30年代から60年頃まで続いたいわゆる木構造の暗黒時代には、燃えるという木材の特性が、大きな欠点として酷評されてしまったのですが、近年では地球温暖化の防止、循環型社会の形成などに貢献できるという木材利用の特性が評価されるようになりました。

　ただ木材の利点をアピールするにしても、「何が何でも木材を使うんだ」というような木材に対する贔屓の引き倒しのような議論は避けなければなりません。

　以下、できるだけ客観的に木材の長所と短所を解説します。

❖木材の長所
　これまで、木材の長所としてあげられてきたのは、次のような点でした。
①軽いわりには強い

図1・44　東大寺南大門
巨大な建築物を簡易な道具だけで作り上げた技術は驚嘆に値する。

すでに詳しく述べたように、木材は中空で力学的に合理的な構成をもった細胞壁から構成されており、さらにその細胞壁が三次元的に組み合わされた複合材料です。このため、いわゆる比強度（単位重量あたりの強度：強度を重さで割った値）が高くなります。

②手に入りやすい

　国土の7割近くを森林が占めるわが国では、良質でいろいろな特性を持った樹種が比較的容易に入手できます。また、木材は世界各地で産出されているため、輸入することも可能です。

③切削加工が容易

　材質が比較的軟質で軽いため、のこぎり、のみ、かんなといった簡易な道具さえあれば、人力だけで容易に切削加工できます。また、加工に要するエネルギーも少なくてすみます。

④耐久性が高い

　法隆寺をはじめとする古建築をみれば明らかなように、木材は極めて耐久性が高い材料であるといえます。腐朽菌やシロアリなどの生物による劣化を防ぐことができれば、また風雨に直接さらされなければ、数百年以上にわたって強度性能を維持することが可能です。

⑤湿度調節機能がある

　すでに述べたように木材の主要構成成分であるセルロースは、空気中の湿度が高い環境では水分を吸収し、湿度が低い環境では放出する性質をもっています。このため、湿度の変化を緩慢にすることができます。結露もなかなか生じません。

図1・45　美しい木造の体育館

⑥熱伝導率が低い

　熱の伝わり方が緩やかであるため、断熱性が高く、木材で囲まれた空間では外気温の変化を緩衝することができます。

⑦美的である

　それ自体が美しいので、特に必要がなければ、表面加工や何らかの化粧をする必要がありません。構造材と化粧材を兼ねることができます。

⑧接合が容易である

　組み合わせるだけの継手や仕口、あるいは釘のような簡易な金物を用いるだけで部材を接合し、構造物にすることができます。また、接着剤を用いた接着接合も木口面以外では非常に簡単です。

❖**木材の短所**

　木材には上で解説したような長所がある反面、燃えること、くるうこと、腐ること、鉄鋼に比べ強度が低いこと、性質にバラツキがあること、方向によって性質が異なること、節や割れなどが存在することなどが短所としてあげられてきました。

　ところが、木材の加工技術が20世紀後半において飛躍的な進歩をとげたことによって、このような短所が比較的容易に克服できるようになってきました。また、資源循環・環境調和を目指すわが国の社会情勢を考慮すれば、これまで短所とされていた木材の諸特性もまったくの欠点とは言えないことが、強く主張されるようになってきました。

⑴まず、「燃える」ということは、構造材料としての使命を終えて最終的に廃棄されるときに、エネルギー源や熱源として利用できるということを意味しています。また、焼却できるということは、廃棄物としての空間を必要としないことでもあります。この観点からすれば、廃棄にエネルギーを要し、また大きな廃棄場を必要とする他の建築材料に比べて、木材は優位にあるといえるでしょう。

　もちろん、燃えないことが絶対視されるような場合の対応策として、木材を難燃化処理する技術は高度化してきました（4章参照）。また、石膏ボードのような耐火材料で表面を被覆して、耐火性能を高めることも容易です。さらに、図1・46のように大きな断面をもつ木材では、表面が燃えて炭化層が形成されると熱伝導率が下がるので、内部まで燃えるのに時間を要します。そしてこの

ことが耐火性能として評価され、燃え代設計という設計手法も可能となっています。1987年に建築基準法が改正され、巨大な木造建築が可能となったのは、これが大きな要因でした。

このように「木材の最大欠点＝燃えること」という評価が近年大きく変わりつつあります。

(2)「くるう」とは、使用中に材料の変形を生じることを意味します。木材のくるいの最大要因は木材中の水分量（含水率）の変化です。したがって、くるいを制御するには、まず含水率の管理が重要となります。近年の人工乾燥技術の高度化は、製品の初期段階におけるくるいの抑制を極めて容易にしました。

また、木材をいったんバラバラのエレメントに分解し、それを乾燥してから再構成するという木質材料の加工技術が発展し、くるいが少ないことを売り物にする製品も市販されるようになってきました。

もちろん、根本的な解決が難しい問題、たとえば荷重をかけたままにしておくと変形が進行してしまうクリープ現象や **4** 節（☞ p.54）で述べた水分の吸着によって厚さのハネ戻りが生じるスプリングバック現象などもありますが、これらは施工方法や使い方や工夫などによって克服できることがほとんどです。

(3)「腐る」ことについては、防腐や防蟻の処理技術がすでに発達しているため、実用的には十分な制御が可能です。構造面や利用に際しての注意事項を普及啓蒙することにより、腐朽の危険性を最小限にとどめることができるようになったといえるでしょう。

(4)木材の絶対的な強度性能が、鉄鋼などの金属材料に比べて低いことはいかんと

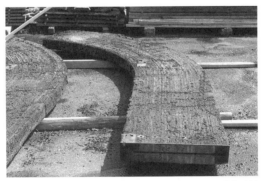

図1・46　火災にあって表面が焼けこげた大断面わん曲集成材
材の内部は健全なまま。

もしがたく、構造的な利用の制限が生じるのはやむをえません。ただ、鉄鋼に比べて比強度が高い場合もあるため、建物の基礎などを簡略化できることもあります。

(5)木材は生物材料ですから、強度的な性質のバラツキが大きいのは事実ですが、それを是正するための技術が発達してきました。とくに1980年代以降に、強度のバラツキが少なく、信頼性の高い構造用製品（エンジニアードウッド：エンジニアリングウッド：EW）が次々に登場してきたことは、木質構造の可能性を大きく広げるのに役立っています。

(6)材料の方向によって物理的な性質が異なるという異方性は、木質材料の製造技術の発展によって改善することができるようになりました。また異方性は使い方によっては欠点となりますが、利点となる場合も多いので、意図的に異方性を付与し、一方向の強度特性を高めるような技術も出現してきました。

(7)節や割れといった生物材料に特有の欠点については、簡単に除去して補修する方法が開発されてきました。また、「無節の製品」をありがたがる一種の信仰心が、一般大衆のレベルでは徐々に消失しつつあります。

　以上述べてきたように、絶対的な強度特性の低さは改良できないまでも、従来から木材の欠点と考えられてきたことが、必ずしも欠点とは言えないことが明らかになってきました。

　そして何よりも強調すべき木材の最大の長所は、先の節で紹介した空気中の二酸化炭素（CO_2）を地球上に炭素化合物として固定しておく能力です。これまで

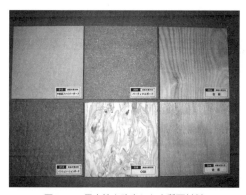

図1·47　異方性を改良した木質面材料
上左から、中比重ファイバーボード（MDF）、パーティクルボード、針葉樹合板。
下左から、インシュレーションボード、配向性ストランドボード（OSB）、ラワン合板。

何回も述べてきたように、循環型社会の構築が求められ、材料の評価基準が CO_2 の排出量の少なさに重きを置くようになってきた現代では、木材の優位性が圧倒的に目立つようになってきています。

とにもかくにも、数ある構造用建築材料の中でも CO_2 を吸収して固定できる能力を持つのは木材以外にはほとんどありません。CO_2 の固定能力を材料の評価に入れるなら、木材は最優秀の構造用建築材料になるといってもよいでしょう。

また、

①加工にあまりエネルギーを必要としない。

②燃やせるので、廃棄の際にエネルギー源として利用できる。

③自然に腐らせることができるので、廃棄に多大なエネルギーを必要としない。

④エネルギーをあまり使わずにリサイクルが可能である。

これらの点においても、木材は他の金属材料などを断然引き離しているといえるでしょう。

このように、CO_2 の固定能力とその他の様々な利点を有していること考えると、木材が非常に優秀な構造用建築材料であることがあらためて明らかになってきたわけです。

ただし、それはあくまでも木材を上手に利用した場合の話です。すでに **1** 節（☞ p.16）でも述べたように、その優秀さをかつての高度経済成長時代に行なわれていたような、でたらめで無秩序な木材利用の免罪符にしてはなりません。くどいようですが、このことは決して忘れないでいただきたいと思います。

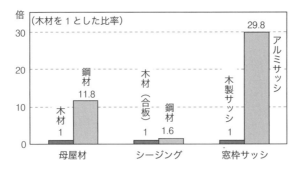

図 1・48　建築に使用される製造エネルギーの比較
（資料：日本木材総合情報センター「木質系資料等地球環境影響調査報告書」（1995）より）

7 木材と木質材料の耐久性
── どれくらい使っていられるのか

　筆者は仕事柄、「木材や木質材料の耐久性はどれくらいなのか?」あるいは「何年くらい使えるのか?」という質問を受けることがよくあります。ユーザーにとって材料の耐久性は重要な問題ですが、答えるのはそう簡単ではありません。というのは、木材や木質材料の寿命や耐久時間は様々な要因によって大きく異なるからです。

　本節では、木材と木質材料の耐久性に関する基本的な考え方と現状での問題点などを整理して解説します。

❖木材の風化と老化

　木材は直接光や風雨にさらされると、表面が黒く変色するとともに、柔らかい早材部からいわゆる「やせ」が生じ始めます。この現象を「風化」といいます。

　風化は、吸湿と乾燥の繰返しによって木材の細胞が破壊されるとともに、光によってリグニンが分解され、さらに分解された物質が雨風によって脱落することによって生じます。風化のみによる劣化の速度は生物劣化に比べて非常に緩やかなもの(100年で3〜6mm程度の厚さ減少)ですが、表面に割れが生じることによって、水が溜まりやすくなり、それが腐朽菌による生物劣化を誘引してしまうことも多々あります。

図1·49　風化が進んで断面減少が顕著なぬれ縁の板

一般に、陽当たりが良く、濡れやすい場所にある木材ほど風化が激しくなります。たとえば、木材の屋外暴露試験をしてみるとすぐにわかりますが、南側を向いた木口面でダメージが一番大きくなります。また、垂直部材である柱よりも水平に置かれた板のようなものほど、水が滞留する確率が高くなるので風化しやすくなります。古寺の門柱などで地面に近いところほど風化が激しくなるのは、雨の跳ね返りが大きいためと考えられます。

　風化のように光や風雨に暴露される状態でなくても、木材を通常の大気中に放置しておくだけで、非常に緩やかな劣化が生じます。これが「老化」です。とはいっても、その速度は非常に遅いので、木造住宅の場合などでは、まったく考慮する必要はありません。逆に、経年変化によってセルロースの結晶領域が徐々に増えて、強度が上昇してゆく現象もよく知られています。

　このように木材そのものの老化は、生物劣化に比べて微細なものであり、乾燥した状態で使用される限りにおいては、数百年のオーダーでもほとんど劣化しないと考えてもよいでしょう。

❖接着の耐久性

　例外はあるものの、木材をいったんエレメントに分解し、それを接着によって再構成したものが木質材料です。したがって接着は木質材料にとっていわば生命線であり、接着層の劣化や破壊は材料としての機能喪失を意味します。

　接着の劣化に対する性質を「接着耐久性」といいます。一般的に接着の耐久性は木材のそれとは対照的です。つまり、生物劣化に対しては比較的抵抗力が大きく、逆に風化や老化に対しては抵抗力が小さいということです。

　ただ、接着の耐久性は接着剤の種類によって大きな差があります。たとえば、耐水性の小さなユリア樹脂接着剤を用いた造作用の普通合板を屋外に暴露しておくと、3年程度でほとんど接着強度が無くなってしまうのに対し、フェノール樹脂接着剤を用いた場合では初期強度の80％以上の強度が残存しています。

　また同じ種類の接着剤を使った構造用の製品でも、製品の種類によって耐久性はおおきく異なります。たとえば、寸法安定性の高い合板では、直交積層によって水分変化によるくるいが生じにくくなるために、それだけ余計に接着層に負担がかかることになります。言い換えると、合板の寸法安定性は接着層に生じる負担によって支えられているのです。このため、乾燥と湿潤状態が繰り返されると、

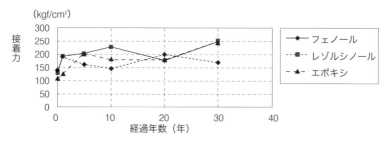

図1・50　室内環境下での構造用接着剤の経年による強度の変化
30年経過した後も変化なし。（沖津俊直ら「第32回接着学会年次大会
講演要旨集」1994年より）

それによって生じる内部応力の繰り返しによって接着層が破壊されやすくなります。一方、平行積層の集成材では合板に比べて内部応力の発生が低いので、接着層にあまり無理な力が働かず、これが耐久性には有利に働きます。この現象は接着耐久性の低い造作用製品の場合により顕著になります。

　構造用の木質材料においても、陽当たりが良くて、濡れやすい場所にあるほど、また水が滞留する確率が高くなるほど、耐久時間は短くなります。これは木材そのものの風化の場合と同じ理屈です。

　もちろん、上で述べたようなことは屋外暴露条件下での話であって、屋内の一般的な環境下での使用であれば、ユリア樹脂接着剤といえども接着の劣化が問題になるようなことは少ないと思われます。

　ちょっとあなたの身の回りを見回してください。木質材料でできた建具や家具が目につくと思います。それらのなかには20年や30年使われてきたものも多いはずです。間違えて水回りや湿度の高いところに使ってしまったような場合は別として、接着が剥がれてバラバラになってしまったようなものがあるでしょうか？

　レゾルシノール樹脂接着剤のような耐久性の高い構造用接着剤を用いた木質材料であればなおさらです（図1・50）。この図のように、室内環境下におかれた状態であれば、つまり、接着層に大きな内部応力の繰返しが発生しなければ、接着力はそう簡単には低下しません。逆にこのデータの場合にはむしろ強度が上昇しています。ここでみられる強度の上昇は初期に未硬化であった部分が徐々に硬化していったためと考えられます。

❖集成材の耐久性

　上に述べたことからわかるように、木質材料の耐久性能は、製品の種類、接着剤の種類、使用環境条件によっておおきく異なります。また、その評価方法も今のところ確たるものではありません。たとえば、構造用集成材の耐久性をどう評価するのかは、理論的な方法論が確立されているわけではありません。とりあえず、水や煮沸水中に何時間か浸した後、乾燥させるというような促進劣化試験（そくしんれっか）などを行なって、これくらいの成績なら、これまでの実績から判断して大丈夫であろうという仮定のもとで使用されているのが実情です。もちろん、この種の促進劣化試験は、一般的な工業材料の試験でも行なわれている方法であって、木質材料に限って行なわれているものではありません。

　アメリカに現存する最も古い構造用集成材の実物が、1934年竣工の図書館です。最古かどうか定かではありませんが、欧州にも1910年代に建てられた建物が現存しているようです。したがって、現在のところ判明している集成材の実績は90年くらいということになります。ただし、これらに用いられた接着剤は耐水性の低い天然のニカワやカゼインです。現在構造用として用いられているような合成高分子系のレゾルシノール樹脂接着剤が集成材等に使われだしたのが第二次世界大戦中の1943年です。したがって、どれくらいの数の建物が建て替えられないまま残存しているかは定かではありませんが、世界レベルでみたレゾルシノールの実績は高々80年弱ということになります。

　わが国では耐水性の低いユリア樹脂接着剤を用いて集成材が使われ始めたのが

図1・51　森林総合研究所の体育館（1978年）に用いられた構造用集成材
製造後40年以上を経た今も、クラック一つ生じていない。接着剤は耐水
性の高いレゾルシノール樹脂接着剤。

図1・52　新発田市産業会館（1962年）の内部と湾曲集成材の接着層の剥離
用いられた接着剤は耐水性の低いユリア樹脂接着剤。

1951年です。この時に製造された集成材は建物の解体後、森林総合研究所に保管されていますが、現在でも十分使用に耐えるような状態です。

　また、図1・52は1962（昭和37）年に完成し、解体されるまで十分使用に耐えていた新潟県新発田市産業会館（旧新発田市立厚生年金体育館）です。この建築に用いられていたわん曲集成材には、やはり耐水性の低いユリア樹脂接着剤が使われていました。しかし、建設後40年を経た時点でも、直射日光に曝される部材の一部に接着剥離が観察されたものの、集成材全体としては健全な状態にありました。

　一方、耐水性の高いレゾルシノール樹脂接着剤を用いた集成材も掃海艇の竜骨などに使われていましたが、これは廃棄されてしまっているので、実績は構造用集成材の日本農林規格が出現した1965（昭和40）年以降ということになります。したがって、せいぜい55年程度の実績といったところでしかありません。

　以上が構造用集成材の耐久性に関する実績の一例ですが、いずれにしても、これらは、ある環境条件のなかでの結果であり、より厳しい雨ざらし・野ざらしになるような屋外暴露条件のなかでは、これほどの耐久性は期待できません。ただし、きちんと防腐処理された構造用集成材については、60年を経過した後も、大きなダメージが無いということも実証されています（図1・53、54）。この写真から明らかなように、左側の防腐処理された構造用集成材は暴露期間が37年でも60年でもほとんど変化していません。

　繰返しになりますが、現在、構造用木質材料に多用されている耐久性の高い

図1·53 クレオソート処理された集成腕木(左)と無処理の集成腕木(右)の暴露試験結果(暴露期間37年)

図1·54　同上　(暴露期間50年)

図1·55　同上　(暴露期間60年)

フェノールやレゾルシノール樹脂接着剤であれば、屋外暴露や乾湿が繰り返されるような過酷な使用環境でなければ、接着耐久性は大きな問題にならないといえるでしょう。100年程度ならば簡単にクリアできるはずです。

　もちろん過信は禁物であり、使用側としては使用環境に留意すること、製造側においては、接着工程の徹底的な品質管理を図ることが要求されるのは当然です。

❖集成材の品質管理と使い方のミス

　近年、構造用集成材が様々な部材として採用されることが多くなりましたが、使用量が激増するとともに、ちょっとしたトラブルが増えてきたように思われま

図1・56 接着不良による集成材のはく離 (町田初男氏撮影)

す。それはあまりにも宣伝が効きすぎて「集成材神話」とでもいうべきものが生まれてしまったことに由来するものです。

　集成材は製材に比べれば確かに品質が安定してはいますが、鉄やプラスチックほど均質なものではありません。確率的に下限値以下の強度 (**14** 節 ☞ p.114) を示すものもありますし、接着不良の製品が品質管理の網の目をすり抜けて工場から出荷されてしまうこともまったくのゼロではありません。

　図1・56 は、15 年以上前のトラブル例ですが、スキー場のロッジの登り梁に使われてしまった集成材です。製造段階での接着不良による大きな剥離 (黒い線の部分) がいくつか生じているのがわかります。こんなものは論外であるといってしまえばそれまでなのですが、いくつもの管理の網をすり抜けてしまった例として、これは貴重な資料です。

　また、構造用集成材が「くるいにくい」のは事実ですが、木材製品であることに変わりはないので、まったく「くるわない」わけではありません。また、商店建築などで常にエアコンの風にさらされているような部位では、含水率が極度に低下して、細かな割れが生じるようなこともあります。もちろん一般的な用途においても、割れが「入りにくい」のであって、絶対に「入らない」わけではありません。

　一般的な使用状態では考えにくいのですが、接着製品の特性として、接着層に沿った切り込みがあって応力 (次章参照) が集中しやすいような場合、大きな衝撃荷重を受けるとクラックが生じる可能性があります。在来構法ではさまざまな接合部に切削加工を施すので接着層に沿った切り込みが生じやすく、たまたま現場でカケヤ (大きな木槌) のようなもので思い切り殴られたりすると、節のよう

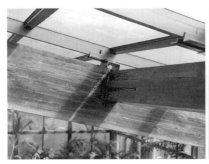

図1・57　腐朽を生じた浴室の梁（左）と柱の脚部（右）（日高富男氏撮影）

な部分から「われ」や「かけ」が生じる可能性もあります。

　集成材の利用に関するいま一つの問題点は、非常識としか表現しようのない使われ方が昨今、散見されるようになってきたことです。当然のことですが、何らかの処理を施さない限り集成材の耐久性は原料となる木材を超えることはありません。にもかかわらず、何か特殊な性能を持った材料であるかのように誤解されている例が増加してきたように思われます。

　これも20年ほど前のトラブルの例ですが、図1・57は温泉の浴室、それもガラス張りの温室のような高温高湿状態のなかで使われて腐朽を生じた例です。このような例は、木材利用の「常識以前」の問題であるともいえますが、いずれにしても、集成材の需要が一般の住宅にも拡大している現在、集成材の特性をメンテナンスの方法も含めて、設計者とユーザーにきちんと理解してもらうことが生産者側にとって責務であるといえるでしょう。

　旧版を刊行した頃には、「集成材の接着なんてすぐに剥がれる」とか、「接着剤の匂いで子供が病気になる」といったような、根拠の無い風評がネット上でみられました。しかし、F☆☆☆☆やF☆☆☆といった低ホルマリン放出の製品が普及し、ここまで接着製品が使われるようになると、この種の風評はほとんど見られなくなりました。

　さて最後の問題として、大断面集成材のように製品の体積が大きな場合、一部分が劣化してきたからといって簡単に取り替えることができないという補修の難しさが挙げられます。また、強度性能がきちんと保証された主要構造部材であるがゆえに、劣化部分だけを除去して簡単に埋め木しておくというような修理が、強度的な考慮なしに行なえないことも今後の問題でしょう。

2章
木材の強度的性質

　材料に作用する力と変形、さらには強度などを対象とした科学技術の体系が「材料力学」です。木材も材料の一種ですから、その強度特性を理解するためには材料力学の基礎知識がどうしても必要です。しかし、木材の一般的な利用を対象とするのであれば、あまり複雑な理論を理解する必要はありません。本書のような入門書のレベルでは、簡単な式の意味がわかれば十分です。それよりも、一般的な材料力学の教科書には載っていないような木材の特異性を知ることが重要です。

　前章で詳しく述べた強度や膨潤収縮の異方性などはその一例です。また、節などの大きな欠点が材料中に含まれていることも一般的な材料力学ではあまり取り扱いません。逆に熱によって生じる特性の変化やねじりの特性などは、一般的な材料力学では重要視されるのに対し、木材に関してはそれほど重要ではありません。

　もちろん、読者のなかには、材料力学が苦にならない方も多いと思いますが、そのような方にもまず頭の中に入れておいていただきたいのは、木材が「生物体の一部を利用した生物材料である」ということです。すでに前章でも述べましたが、我々人間の顔が1人1人異なるように、木材は1本1本が違った特性を持っています。また、成熟材と未成熟材の節でも述べたように、1本の木の中でも部位によって特性が異なります。さらに、欠点を含まない小さな試験片（無欠点小試験片）と実際に使われる実大寸法の試験体（実大試験体）では、大きく強度特性が異なることも考慮しておく必要があります。実際のところ、目の前にある木材が建築材料の教科書に載っているとおりの強度性能を持っているわけではないのです。

　本章では、木材の強度的性質について、特にその特異性に注目しながら、簡単に解説します。

　なお、本章では主に SI 単位を使いますが、わかりやすくするために、従来からの単位、たとえば kgf/cm^2 などを用いて解説しているところもあります。

8 木材の変形と外力
—— 力がかかると変形する

　本書では材料力学に関連した用語などが頻繁にでてきますので、まず最初に基礎的知識を簡単にまとめておきます。ややこしそうな記号や数式がでてきますが、数学的には簡単な加減乗除だけです。

　もし、この種の数式が面倒だと思われる方、あるいは初歩的すぎると思われる方は **8** 節と **9** 節をスキップしてもらってもかまいません。なお、ここでは、節や欠点を含まない「無欠点小試験片」を対象として説明しています。

❖外力と変形

　材料が外部からの力（外力）を受けると、多かれ少なかれ必ず変形します。逆に、材料にはその変形に釣り合うだけの内力が発生します。この外力 P を単位面積あたりに換算した（断面積 A で割った）ものを応力（σ：シグマ）といいます。

$$\sigma = \frac{P}{A} \quad \cdots\cdots (1)$$

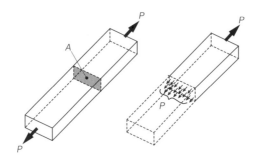

図 2・1　棒の引張と生じる応力

　外力を受けて変形した量（$\Delta \ell$：デルタ エル）を元の長さ（ℓ）で割った値がひずみ（ε：イプシロン）です。言い換えると、単位長さあたりの変形量がひずみです。

$$\varepsilon = \frac{\Delta \ell}{\ell} \quad \cdots\cdots (2)$$

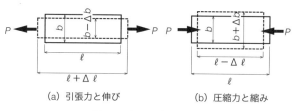

(a) 引張力と伸び　　　(b) 圧縮力と縮み

図2・2　力とひずみの関係

　外力を受けると長さ方向だけではなしに、幅方向にも変形が生じます。この変形量（Δb：デルタ ビー）を元の幅（b）で割った値が横ひずみ（ε'：イプシロン ダッシュ）です。

$$\varepsilon' = \frac{\Delta b}{b} \quad \cdots\cdots (3)$$

　縦方向のひずみ（ε）と横のひずみ（ε'）の比をポアソン比（ν：ニュー）といいます。両者はどちらかが必ずマイナスになるので、ポアソン比にはわざとマイナスを付けて正の値としています。

$$\nu = -\frac{\varepsilon'}{\varepsilon} \quad \cdots\cdots (4)$$

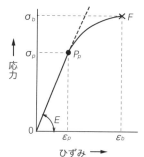

σ_p：比例限度応力（P_aまたはN/m^2）
σ_b：最大応力または破壊応力（P_aまたはN/m^2）
ε_p：比例限度ひずみ
ε_b：最大ひずみまたは破壊ひずみ
P_p：比例限度
F：破壊点
E：ヤング率

図2・3　応力とひずみの関係

　木材に作用させる荷重を大きくしていくと、それに応じてひずみも大きくなります。この関係を表したものが、図2・3（応力 - ひずみ線図）です。この図は圧縮や曲げのような単純な荷重の場合の関係を示したものですが、ある値（比例限度）以下では、応力とひずみとが比例関係にあります（フックの法則）。

　この直線の傾き（比例定数）をEとすると、両者の関係は極めて簡単な次式で

表されます。

$$\sigma = E\varepsilon \quad \cdots\cdots (5)$$

この E を弾性率、弾性係数、ヤング率、ヤング係数、あるいは MOE (Modulus of Elasticity) などと呼びます。ちなみに「ヤング」は人名です。

応力の単位は Pa (パスカル) あるいは (N/m²) で、ひずみは無単位ですから、ヤング率の単位も Pa となります。なお、1Pa は 1.01972×10^{-5} kgf/cm²、1kgf/cm² は 9.80665×10^4 Pa ですが、大雑把に値を換算する場合は、係数を1とみて、有効数字が同じであると考えれば、わかりやすくなります。

一般に木材の強度 (最大応力:破壊応力) は MPa (メガパスカル:N/mm²) の単位で表現されます。この値をそれぞれ10倍した値が、kgf/cm² の単位とほぼ等しくなります。かなり大雑把ですが、10MPa なら $\fallingdotseq$ 100kgf/cm² と考えればいいわけです。同様にヤング率は GPa (ギガパスカル:kN/mm²) で表現されます。この値を10倍した値が $\fallingdotseq$ tonf/cm² になります。7GPa なら $\fallingdotseq$ 70tonf/cm² です。なお、キロ (k) とは10の3乗の意味、同様にメガ (M) とは10の6乗、ギガ (G) とは10の9乗の意味です。

(5)式から明らかなように、ヤング率 (E) は ε の値が1になるときの応力です。ε が1になるときということは(2)式において $\Delta\ell$ と ℓ とが等しくなるときということです。つまり、元の長さの2倍にまで材料を変形させたときの応力の値がヤング率であると考えればよいのです。もちろん、木材ではそんなゴムひものような変形は現実には起こり得ませんが、ヤング率の概念としては知っておいたほうがよいでしょう。なお、ヤング率は木材だからこそ、1本1本の値が異なるのですが、鉄鋼などでは、ほとんど一定 (2,100tonf/cm²) です。

3章で詳しく説明しますが、近年、製材品に「E70」とか「E120」といった値が印字されているのを見かけることが多くなりました。これはその木材のヤング率が、たとえば「E70」の場合にはその製品が70tonf/cm²(正確には60～80tonf/cm² の間にある) であることを意味しています。

なお、実際に日本工業規格 (JIS) に規定された木材の試験をしてみると、荷重をかける初期の段階でチャックや治具によるガタがあったり、応力とひずみとの関係がきちんとした直線でなかったり、必ずしも正確な比例限度が判定できないこともあります。したがって、実験で得られたヤング率の値が4桁も5桁も有効数字を持つような精度の高いものでないことは十分認識しておく必要があります。

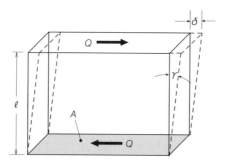

図2·4　せん断応力とひずみの関係

❖せん断変形

　図2·4に示すように、互いにずれを起こすように働く作用をせん断といいます。せん断応力（τ：タウ）は次式で表されます。

$$\tau = \frac{Q}{A} \quad \cdots\cdots (6)$$

　高さ（ℓ）に対してδ（デルタ）だけ変形したとすれば、その比γ（ガンマ）は次式で表されます。

$$\gamma = \frac{\delta}{\ell} \quad \cdots\cdots (7)$$

　このγをせん断ひずみと呼びます。せん断応力とせん断ひずみの関係は次式で表されます。

$$\tau = G\gamma \quad \cdots\cdots (8)$$

　この比例定数Gをせん断弾性係数、剛性率などと呼びます。木材の梁のような場合、実用的には、極めて大雑把に$E/G = 16$程度として計算します。つまりGの値はヤング率の1/16程度であると仮定します。

　木材のせん断弾性係数はJISには試験方法が規定されていません。また試験にはねじり試験が必要ですが、試験機が普及していないため、必然的にデータの量は限られています。

❖曲げ変形

　木材に曲げの荷重が作用したとき、上側には圧縮力が、下側には引張力が働くことになります。また、木材の中央では、せん断力が作用することになります。

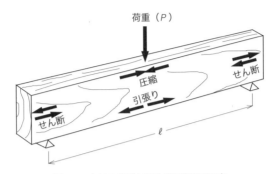

荷重（P）

圧縮

引張り

せん断

せん断

ℓ

図2·5 木材の曲げと部分的に作用する力

　図2·5のような曲げの方法を中央集中荷重方式と呼びます。中央集中荷重では、荷重 P が作用したときの変形量（梁の中央部のたわみ）が次式で表されます。

$$y = \frac{P\ell^3}{4Ebh^3} + \frac{3P\ell}{10Gbh} = \frac{P\ell^3}{4Ebh^3}\left[1 + 1.2\frac{E}{G}\left(\frac{h}{\ell}\right)^2\right] \cdots\cdots (9)$$

　ここで、 ℓ は支点から支点までの距離（スパン）です。

　この式で、最初の項が曲げによって生じるたわみで、2番目の項がせん断によるたわみです。一般的な針葉樹では、スパンと梁せい（高さ）の比が 14 ～ 18 以上であれば、せん断によるたわみ（せん断付加たわみという）は非常に小さいので、無視することができます。このため、 G を含む2番目の項は0と考えて、ヤング率の計算では無視するのが普通です。

9 いろいろな強度
—— さまざまな強度がある

　木材に外力を加えていくと、最初のうちは変形しながらもそれに耐えますが、ついには抵抗しきれなくなって破壊が生じます（図2・3参照）。破壊に至るまでの間に生じる最も大きな応力の値が強度あるいは強さです。木材の場合、「強さ」と表現すると、たとえば耐久性のような、強度とは異なる概念で理解されてしまうことが多いので、ここでは「強度」に統一しておきます。

　さて、木材の強度には、作用する外力や荷重の種類などによって様々なものがあります。

　外力の種類による強度の分類として、圧縮強度（縦圧縮、横圧縮、部分圧縮）、引張強度（縦引張、横引張）、曲げ強度、せん断強度（ブロックせん断、曲げせん断）、座屈強度（短柱、中間柱、長柱）、ねじり強度、割裂強度などがあります。また、外力の方向や速度の分類として、静的強度、動的強度、衝撃強度、疲労強度、クリープ強度などがあります。さらに、木材は膨潤収縮のみならず強度についても異方性を持つので、加力方向の種類によっても強度は異なります。

　本節では、実用的に重要な圧縮、引張、曲げ、せん断の静的強度についてのみ解説します。

❖ 圧縮強度

　木材の圧縮強度とは、木材が圧縮力を受けて破壊するときの最大応力値で、破壊に至るまでの最大荷重を元の断面積で除した値です。圧縮強さということもあります。

　木材の場合、異方性がありますので、加力の方向によって縦圧縮強度と横圧縮強度の2種類が考えられます（図2・6）。さらに、試験体の一部だけに横圧縮が生じる場合の強度を部分圧縮強度といいます（図2・7）。

　圧縮試験では、断面と高さの比がある限界値を超えると、座屈（**13** 節 ☞ p.111）が生じます。日本工業規格 JIS Z 2101 では、h/a の値を 2 〜 4 に設定しています。

　横圧縮の場合、木材はグズグズと押しつぶされていくので、縦圧縮のように破壊荷重の値が明確ではありません。このため、比例限度荷重を基準にした比例限

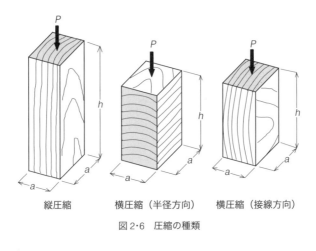

縦圧縮　　　　　　横圧縮（半径方向）　　　横圧縮（接線方向）

図 2・6　圧縮の種類

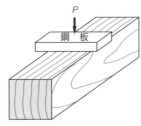

図 2・7　部分圧縮

度応力で値を評価します。同様に、部分圧縮の場合も、明確な比例限度が得られ
ずにめり込んでいくだけなので、比例限度応力および辺長の 5%だけ変形したと
きの応力を評価基準の値としています。

❖引張強度

　木材の引張強度とは、木材が引張力を受けて破壊するときの最大応力値で、破
壊に至るまでの最大荷重を元の断面積で除した値です。引張強さとも呼ばれます。
　木材の場合、加力の方向によって縦引張強度と横引張強度の 2 種類があります。
　JIS Z 2101 には無欠点小試験片の引張試験方法が規定されていますが、実際的
には、試験片の製作、特に中央部分のくびれの加工が困難です。またチャックの
部分で破壊することも多く、実験そのものが困難です。このため、曲げや圧縮に
比べ引張に関する強度データは多くありません。

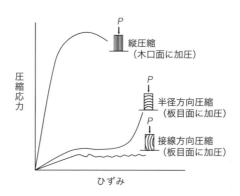

図2・8　圧縮の方向とひずみ

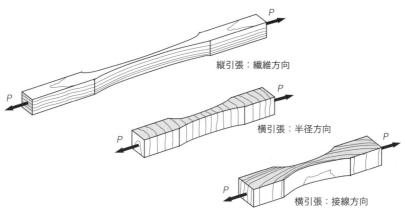

図2・9　引張試験片

　無欠点小試験片の縦引張強度は、無欠点の曲げや圧縮強度と比べて大きな値を示します。後述しますが、実大試験体の縦引張強度では節やその周辺の繊維走向の乱れなどに影響されるので、他の強度に比べて低減の度合いが大きくなります。

❖曲げ強度

　木材の曲げ強度とは、木材が曲げで破壊するときの最大曲げモーメントを材の断面係数（断面の形によって決まる係数）で割った値です。

　この値は、材料の最外層に生ずる曲げ応力度を意味するもので、曲げ破壊係数、曲げ強さ、*MOR*（Modu1us of Rupture）とも呼ばれます。

　圧縮・引張・せん断の場合には、単純に破壊荷重を断面積で割れば、強度の値

が得られますが、曲げの場合には、試片の高さ、幅、スパンなどが影響するので、JIS Z 2101 に規定された無欠点小試験片の曲げ試験方法では、次式を用いて計算します。

$$\sigma_b = \frac{P_{max}\,\ell}{4Z} \quad \cdots\cdots \ (10)$$

ここで、σ_b：曲げ強度（N/mm²）、P_{max}：最大荷重（N）、ℓ：スパン（mm）、Z：断面係数（mm³）

$$Z = \frac{bh^2}{6} \quad \cdots\cdots \ (11)$$

b：試験片の幅（mm）、h：試験片の高さ（mm）です。

ヤング率（ヤング係数：MOE）を計算する場合には次式を使います。

$$E_b = \frac{P_p\,\ell^3}{4\,\delta bh^3} \quad \cdots\cdots \ (12)$$

E_b：曲げヤング係数（N/mm²）、P_p：比例限荷重（N）、δ：中央部のたわみ（mm）

ただし、比例限の荷重は測定が難しくて、加力初期におけるガタなども存在しますので、実際には荷重変形曲線における直線部分の2点における荷重と変形量からヤング率を求めることになります。

なお、引張や圧縮強度と同様、無欠点小試験片の値と実大材の曲げ強度との間には大きな差がありますので、文献や資料の値を参考にするときなどには、どちらの試験片による値なのかを注意する必要があります。

表2·1　無欠点小試験片の強度特性

樹　種	圧縮比例限応力度 (kgf/cm²)（　）内はMPa			圧縮強度 (kgf/cm²)（　）内はMPa	引張強度 (kgf/cm²)（　）内はMPa			せん断強度 (kgf/cm²)（　）内はMPa	
	繊維方向	半径方向	接線方向	繊維方向	繊維方向	半径方向	接線方向	柾目面	板目面
針葉樹 すぎ	230 (22.5)	14 (1.37)	7 (0.69)	280 (27.4)	560 (54.9)	70 (6.86)	25 (2.45)	65 (6.37)	75 (7.35)
あかまつ	280 (27.4)	25 (2.45)	18 (1.76)	410 (40.2)	1300 (127)	95 (9.31)	40 (3.92)	105 (10.3)	110 (10.8)
広葉樹 みずなら	240 (23.5)	47 (4.61)	19 (1.86)	390 (38.2)	1370 (134)	140 (13.7)	100 (9.80)	135 (13.2)	140 (13.7)
けやき	340 (33.3)	68 (6.66)	52 (5.10)	560 (54.9)	1200 (118)	170 (16.7)	125 (12.3)	200 (19.6)	170 (16.7)

AWCOM　No.5（1975）などを参照

JIS の曲げ試験方法は、①試験片の作成が容易で、②ヤング率が容易に求められ、③試験機の容量が小さくてすむため、材質試験などにはよく用いられます。ただし、実大試験体については、この試験方法では不都合が生じます。

❖せん断強度

木材のせん断強度とは、木材がせん断破壊するときの最大応力値です。破壊に至るまでの最大荷重を変形前のせん断面積で除した値で、せん断強さとも呼ばれます。

他の強度と同様に木材は異方性材料であるため、せん断強度の値は力の作用する方向によって異なります。一般的には木材の繊維方向に平行なせん断（縦せん断）がもっとも重要です。

無欠点小試験片のせん断強度を求めるための方法としては JIS Z 2101 に規定されたブロックせん断試験があります。ただ、この方法では切り欠きの近辺に大きな応力が生じてしまいます（このような現象を応力集中といいます）。したがって、最大荷重をせん断面積で除した値は強度の値としては便宜的なものとなります。

木材のせん断強度は曲げや引張・圧縮強度に比べかなり小さい（表2・3 ☞ p.116）ので、梁せい（梁の高さ）に対してスパンの短い梁（たとえば3〜5程度）の曲げでは、曲げ破壊ではなく梁端部の中央付近で水平に破壊が生じることがあります。これを水平せん断破壊と呼びます。日本農林規格（JAS）の構造用単板積層材の規格では、せん断強度を求める場合にこの方法が使われます。

水平せん断試験の場合、求められた最大荷重から、次式によってせん断強度を求めます。

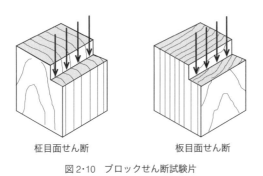

柾目面せん断　　　　　板目面せん断

図2・10　ブロックせん断試験片

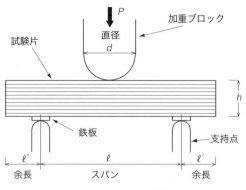

図2·11 水平せん断試験

$$\tau = \frac{3P_{max}}{4bh} \quad \cdots\cdots \ (13)$$

τ：水平せん断強さ（N/mm²）、P_{max}：最大荷重（N）、b：試験片の水平方向の寸法（mm）、h：試験片の鉛直方向の寸法（mm）

水平せん断の場合、試験の形式は曲げですが、スパンの長さは強度の値には関係しません。

木材が板状の場合、板の平面に垂直な切断面に生じる力のうち、面内の力を面内せん断力といいます。また、合板のような積層材料で、層と層の間に生じるせん断力を層内せん断力といいます。4章で後述しますが、合板は1枚1枚の単板内部に裏割れ（かつら剥きによって単板の裏側に生じる細かい割れ）があって層内せん断強度が低くなりやすいので、スパンが短くてせん断力が大きな場合には注意が必要です。

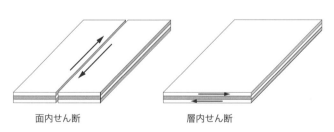

　　面内せん断　　　　　　　　層内せん断

図2·12　面内せん断と層内せん断

10 強度の異方性
── 方向によって強さが変わる

　前節で述べたように木材の強度特性は方向によって異なります。本節ではこの特性について微細構造と関連づけて解説します。

❖圧縮と引張と曲げ

　繊維状のミクロフィブリルが長さ方向の力に対して強い抵抗力を示すのと同様に、ミクロフィブリルが並んでパイプ状になった細胞も繊維の長さ方向（縦方向）の圧縮力に対しては強い抵抗を示します。しかし、横からの力に対してはグズグズとつぶれやすく、弱い抵抗しか示しません。

　図2・13は木材の細胞を円筒状の筒と仮定して、力の方向と強度との関係を表現したものです。この関係は手近にある爪楊枝（マッチの軸でもよい）を手にしてみれば容易に実感できます。手にとった短い爪楊枝を軸の両側から押して破壊させることは簡単ではありません。ところが、爪楊枝を歯で噛んでみれば、つまり横からの圧縮力を与えれば、簡単に変形してグニャグニャになります。

　図2・13から明らかなように、木材の強度はL方向が最も高く、R方向やT方向ではその1/10〜1/20程度となります。ただし、R方向とT方向とを比較する

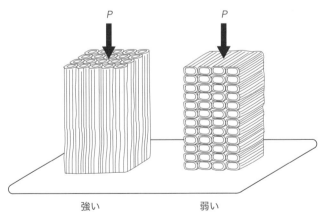

強い　　　　　　　弱い

図2・13　細胞の方向と強度（圧縮）

と、放射組織の存在するR方向のほうがT方向よりも強度は高くなります。

　図2・14は曲げの強度の違いを表したものです。（A）のように力をかけると、板が簡単に破壊してしまうことを我々は経験的に知っています。たとえば、空手の達人が自分をとりかこんだ弟子達に板を持たせておき、これを次々に割っていくようなデモンストレーションをテレビ番組で見かけることがありますが、この場合、必ず（A）のような方向に力をかけています。板の厚さにもよるでしょうが、（B）のような力のかけ方ではそう簡単に割れるものではありません。

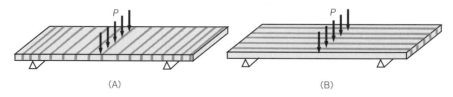

図2・14　細胞の方向と強度（曲げ）

　このように、方向によって強度の特性が変わる性質を強度異方性といいます。では、なぜ木材が繊維の方向に対しては強く、それと直交する方向に対しては弱いのでしょうか？

　その答えは、樹木が立っている状況を考えればすぐにわかります。立っているだけなら、樹幹に作用する力はL方向の圧縮が大部分です。圧縮力や引張力がR方向やT方向から作用すること、たとえば横から車が衝突するようなことはほとんどありません。つまり樹木にとってみればL方向に強ければそれで十分なので

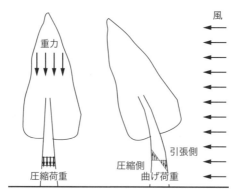

図2・15　樹幹に作用する荷重

す。R方向やT方向の圧縮強度が弱くても特に問題がないのです。なお、強い風が吹いたりするとそれは曲げの荷重となります。曲げの荷重の作用はちょっと複雑にみえますが、要するにL方向への引張と圧縮の組み合わせでしかありません。

❖せん断

さて、上で説明してきたのは木材を押したり引いたり曲げたり、つまり圧縮や引張や曲げの力が作用した場合の話でした。樹木として自然界に存在する場合、通直な樹幹に作用する力としてはこれらだけを考えていれば十分です。ところが、木材を構造部材として我々が使う場合には、もう一つせん断力についても考慮しておく必要があります。

細胞の方向とせん断力の方向によって、せん断力に対する強度は図2・16のような3種類のものが考えられます。ただし、ここでは放射組織の存在は無視してあります。また、図では細胞間層に荷重が作用するように表されていますが、常にそうなるとは限りません。図から想像できるように、縦せん断や横せん断では、繊維方向の圧縮や引張に比べて強度が低くなります。なぜなら細胞壁のミクロフィブリルは極めて精緻ですが、その大勢はL方向に向いて並んでいますし、細胞壁のつなぎ目（細胞間層）にはリグニンが存在するだけで、木材の強度発現の源であるセルロースがほとんど存在しないからです。

このため、木材の縦せん断強度は他の3種類の強度に比べて1桁、低い値になるのがふつうです。このようにせん断強度が低いことが木材の構造利用を制限する大きな要因になっています。たとえば、図2・18に示すようにボルトやドリフ

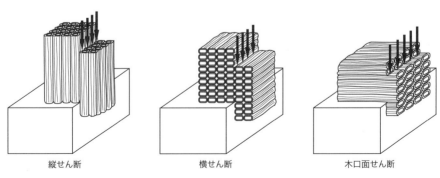

縦せん断　　　　　　　　横せん断　　　　　　　木口面せん断

図2・16　3種類のせん断強度（放射組織を無視）

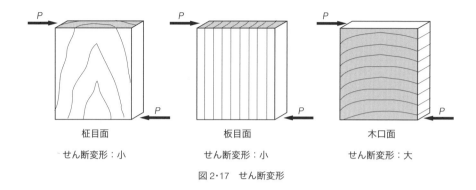

柾目面	板目面	木口面
せん断変形：小	せん断変形：小	せん断変形：大

図 2·17　せん断変形

トピン（鋼製の丸棒で先穴をあけた接合部に打ち込む）を用いた接合部では、木材がせん断破壊しやすいために、木材の端部から接合具までの位置を離さなければなりません。また、接合の強度を高めるために接合具の数を増やす場合には、接合具間の距離を十分とらなければならないのです。

　また、木材を構造利用するうえで特に注意しなければならないのは割裂です。割り箸の例を考えればわかるように、図2・19（左）のような状態で力が作用すると、クラックが進展して、あっというまに破壊してしまいます。

　いずれにしても、木材を構造的に利用するにあたってはせん断力に対して弱いということを十分に頭に入れておく必要があります。また、割裂しやすいような

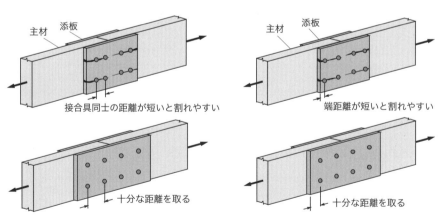

図 2·18　縁距離・端距離・間隔と割れの関係

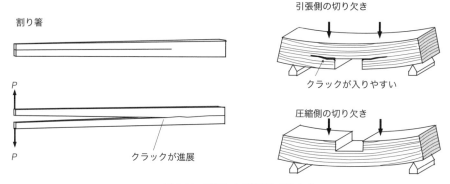

図 2·19　割裂による破壊と切り欠き

形態での使用は避けなければなりません。図 2・19（右）は梁の切り欠きによる
クラックの入りやすさを表したものです。引張側に切り欠きがあるほうが圧縮側
にある場合よりも強度が低くなりやすいのです。

11 強度特性に影響を及ぼす因子とそのバラツキ

前節で詳説したように、木材の強度特性に大きく影響を与えるのは、木材中の水分ですが、それ以外にもいろいろな影響因子があります。

❖繊維方向

異方性のところで再三述べたように、木材の強度やヤング率は繊維の方向と作用する荷重の方向の組み合わせによって異なります。繊維方向の影響は次の実験式（ハンキンソン式）で表されます。

$$F_\theta = \frac{F_\parallel \cdot F_\perp}{F_\parallel \sin^n\theta + F_\perp \cos^n\theta} \quad \cdots\cdots (14)$$

なお、F_θ は繊維方向と θ 度傾斜した方向の木材の強度、$F_\parallel$ および $F_\perp$ は繊維方向およびそれに直交方向の強度、n は強度の種類によって変わる定数です。

❖密度と年輪幅

1章で説明したように、木材の強度的な性質は、単位体積あたりに含まれる細胞壁の密度が高くなるほど増加します。極めて単純に言えば、同じ樹種なら、比重の高いほうが強度が高くなります。ただ、後述するように実大材ほどの大きさになると、比重以外にも様々な要因、たとえば試験体内に含まれる節の量や繊維の目切れ（木材の軸方向と繊維の方向が一致せず、大きな角度を持つこと）が強度に影響してきますので、単純にそうであるとは言い切れなくなります。

ある年輪と次の年輪の距離（年輪幅という）と強度の関係についても、同様です。よく「目が詰んでいるから良い」というような表現を聞くことがありますが、実大材になると両者の間には必ずしも強い相関があるわけではないというのが一般的な傾向です。

昔から見栄えがするために狭い年輪幅のもののほうが好まれる傾向にありますが、実大の強度に関しては年輪幅の及ぼす影響が明確でないことも多いのです。

また、中小径材では、強度の低い未成熟材と成熟材の量が強度に関係してくるので、年輪幅の及ぼす影響が現れないこともあります。

❖温度

　一般に木材の温度が上昇すると、分子運動が盛んになり、分子間の凝集力が低下するので、強度やヤング率は低下します。ただ、鉄鋼などとは異なり、一般的な木材の使用環境下では、それほど極端な変化は生じません。また熱膨張はほとんど無視できる程度です。このような温度に対する鈍感さが、金属材料やプラスチック材料のそれとは大いに異なるところです。

❖荷重速度と荷重継続時間

　木材は高分子化合物で形成されていますので、高分子材料によく観察される粘弾性（ねんだんせい）の性質を持っています。粘弾性とは力をかけるとズルズル変形してゆく「粘性（ねんせい）」と、作用した力に応じた変形が生じる「弾性（だんせい）」が一つの材料のなかに共存しているという意味です。このため、荷重の作用する速度が低いほど、粘性的な性質が現れ、力学的特性が低くなります。逆に、荷重速度が高いほど、力学的特性は高くなります。

　また、一気に破壊してしまうような大きな荷重でなくても、木材に継続的にある程度の荷重を作用させておくと、時間の経過とともに徐々に変形が進んでいきます。この現象がクリープです。クリープによる変形は古い家屋の鴨居などによく見られます。同様に古い家屋で建具が動きにくくなるのも、このようなクリープによる変形が原因になっていることが多いのです。

　単なる変形の増大だけではなく、ある限度以上の高い荷重ではクリープによる変形が限界を超え、ついには破壊してしまうことがあります。これをクリープ破壊といいます。当然のことながら、荷重の高いほうが変形速度が大きく、破壊に至るまでの時間が短いことになります。

　これらの関係、つまり作用する荷重と木材が破壊するまでの時間の関係を示したものが図2・20です。

　この曲線はアメリカのウィスコンシン州マジソン市にある林産研究所で得られたデータから導きだされたもので、その名をとって「マジソンカーブ」と呼ばれています。実はこの曲線は、木材の構造利用上、極めて重要な情報を含んでいます。

　図から明らかなように、数分で破壊するような試験で得られる強度（標準強度）よりも、数秒で破壊する時の衝撃強度荷重のほうが高い値となります。たとえば、

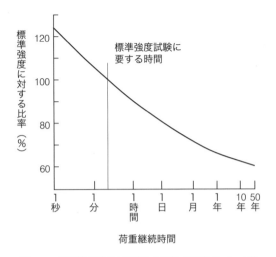

図2・20　荷重継続時間と強度との関係（マジソンカーブ）

1秒で破壊する場合、強度の値は標準強度の20数%増となります。逆に、標準強度の60%程度の応力であっても、そのまま継続しておくと、50年後には破壊してしまいます。さらにいえば、標準強度の50%以下の応力では永久に破壊しないわけです。

14 節（☞ p.114）で後述するように、このような荷重継続時間と強度との関係は、許容応力度（安全に木材を使うための数値指標）を決めるうえでの明確な根拠となっています。

❖経年変化

　屋外暴露状態のような過酷な環境ではなくて、屋内の安定した環境では、木材の強度が年を経るにしたがって徐々に上昇していくことが知られています。もちろん、それを実証するには、百年以上も実際に使われていた木材の試験体が必要ですから、それほど多くの実証例があるわけではありません。

　この現象は経年の変化によってミクロフィブリルを形成するセルロースの結晶化が徐々に進むためと考えられています。

❖試験体の形状と試験方法

　JIS Z 2101に規定された無欠点小試験片の試験方法は、あくまでも標準的な試

験方法であって、試験体の形状や試験方法によって特性値が変化することがあります。圧縮試験で得られるヤング率は試験片寸法の影響を顕著に受ける一例です。

　また、曲げ試験におけるスパンと梁せいの比が曲げ強度や曲げヤング率に及ぼす影響も顕著です。さらにブロックせん断のように応力の分布に大きな偏りがあるような場合には、強度の値がかなり異なることになります。

❖強度特性のバラツキ

　これまで何度も述べてきたように木材は生物材料ですから、特性のバラツキから逃れることができません。したがって、強度特性のような数値を取り扱う場合には、常にバラツキがある（分布がある）ものとして考える必要があります。

　材料力学の場合と同様に、バラツキの取り扱いを厳密に考えだすと、確率・統計学の世界に入り込んでしまいますが、本書のレベルでは、一般的な正規分布の平均、標準偏差（平均値から曲線の変曲点までの距離）、変動係数（＝標準偏差／平均）の意味だけをきちんと理解しておけば十分でしょう。

　図2・21に示した図が、平均値μが1.0の正規分布です。縦軸は確率密度ですが、棒グラフにおける頻度（度数）のようなものと考えてもらってもかまいません。曲線（確率密度関数）が3本あるのは、それぞれ標準偏差σが0.1、0.2、0.3の場合を示しています。標準偏差はバラツキの程度を表すもので、この値が大きいほどバラツキが大きいことになります。変動係数は標準偏差を平均値で割ったものですから、これも同様に値が大きいほどバラツキが大きくなります。なお、確率密度関数とX軸とで囲まれる面積は1.00（100%）です。

　正規分布では、μ±σの範囲に68.26パーセント（%）の面積が含まれます。

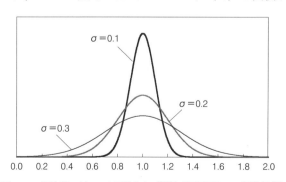

図2・21　平均値μが1.0の正規分布（縦軸：確率密度、σ：標準偏差）

たとえば、平均値が 10MPa で標準偏差が 1MPa の強度分布を持つ木材が 100 本あれば、そのうちの 68 本が 9 〜 11MPa の強度を持つことになります。同様に、μ $\pm 2\sigma$ の範囲には 95.44%の面積が、μ $\pm 3\sigma$ の範囲には 99.73%の面積が含まれることになります。

　木材関係では 5%下限値（EX5%）という値をよく用います。これは分布の左から測定していって面積が全体のちょうど 5%になる値です。平均値（μ）と標準偏差（σ）でこの値を表すと、EX5%＝$\mu - 1.645 \times \sigma$ となります。

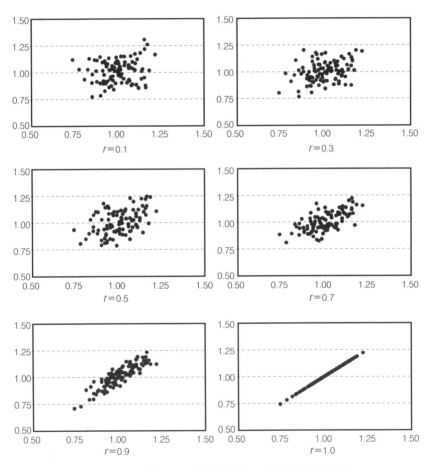

図 2・22　平均値 μ が 1 で標準偏差が 0.1 の正規分布同士の相関
r：相関係数、r がマイナスの場合は右下がりになる。

もちろん、実際の強度特性の分布が正規分布するとは限りませんし、このような理論にデータがぴったり当てはまるものはほとんどありません。ただ、概念として平均値と標準偏差が何を表しているのかということは十分理解しておく必要があります。

　木材の強度特性を考えるうえで、正規分布とならんで理解しておかなければならないのはデータ同士の因果関係の度合いを示す相関係数（r）です。たとえば、木材の比重が高いほど強度が高くなる傾向にありますが、比重が決まれば強度が一義的に決まるというものではありません。試験データを見てみるとバラツキがあります。これに関しても詳細に説明しはじめると統計学の世界に入ってしまいますので、ここでは2つのデータ間の散布図（図2・22）をみて、データの散らばり具合と相関係数との関係を理解しておけば十分です。相関係数が ±1 に近いほどバラツキは小さくなります。

12 実大材の強度特性
—— 大きい材ほど強度は低い

　前節では電子顕微鏡的なミクロの領域から無欠点小試験片までの領域における木材の強度的性質について解説しました。

　これらについての知識は、木材を扱ううえで必要最低限なものですが、実際に使われる実大の木材では、様々な要因によって、強度特性が少し異なったものとなります。

❖無欠点小試験片と実大材

　「実大材」という用語に明確な定義はないのですが、ここでは一般に構造用材料として使われる寸法の木材を対象に解説します。

　実大材は無欠点小試片に比べ、強度を低減させるような欠点である節や細胞繊維の目切れ、あるいは乾燥による割れなどを含んでいます。このため、その強度は無欠点小試験片より小さな値となります。

　また、実大材は寸法が大きいので、図2・23に示すように木材内部の材質が均一とは見なせなくなります。このため、木取りの方法や荷重の方向によって強度特性が変化するのと同時に、いわゆる寸法効果（材の体積が大きくなるほど強度が低下する現象）が生じることになります。

　これらの関係をサザンパインの各強度の平均値について表したものが図2・24です。図から明らかなように、無欠点小試験片（図の右）と実大の試験体（図の

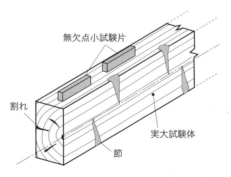

図2・23　無欠点小試験片と実大試験体の関係

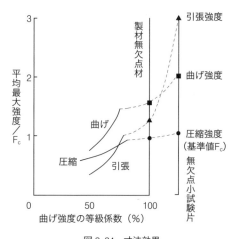

図 2・24　寸法効果

Doyle and Markwardt: U.S.Forest Service Research Paper FPL 64 (1966),
FPL84（1967）

左）では、強度の平均値が大きく異なっています。また、無欠点小試験片では引
張強度＞曲げ強度＞圧縮強度の順になっているのに対し、等級の低い実大試験体
ではまったく逆の傾向を示しています。

　この図は、構造材料として木材を利用する場合に「実大実験」がいかに重要で
あるかということを示しています。無欠点小試験片の破壊が「木材」そのものの
破壊であるのに対し、実大材の破壊が何らかの「欠点」から生じる場合が多いの
で、このような強度特性の乖離が生じるのは当然です。言い換えると、両者の破
壊モードが異なるわけですから、無欠点小試験片のデータをいくら積み上げてい
っても、実大材の強度特性がきちんと予測できないのです。必然的に、実大試験
をしない限り、実大材の強度特性はきちんと評価できないということになります。

❖寸法効果と強度発現モデル

　寸法効果によって強度が低下するメカニズムは、図 2・25 のようないくつかの

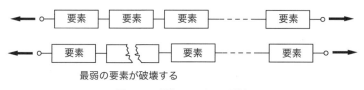

最弱の要素が破壊する

図 2・25　直列モデルとその破壊

要素が直列に並んだ簡単なモデルを考えると理解しやすくなります。

　このモデルを左右に引張ると、要素のなかで最も弱いものが最初に破壊したときに、システム全体の破壊が生じます。このため、直列システムでは、要素の数が多くなればなるほど、言い換えると、長さが長くなるほど、破壊の確率が高くなって、強度が低下します。なお、このような直列モデルは、最弱リンクモデルとも呼ばれています。

　直列モデルの強度特性と要素の数との関係を表したものが図2・26です。この図では要素の強度特性を平均値μが1.0、標準偏差σがそれぞれ0.1、0.2、0.3と仮定しています。要素の数が増えるにつれて、システムとしての強度が低下していくことがわかります。たとえば、σ＝0.1で要素が4つの場合、システムとしての強度の平均値は0.8にまで低下しています。

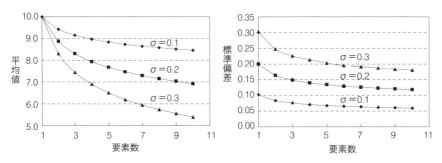

図2・26　強度の平均値μが1.0の要素を直列に並べたシステムの平均値（左）と標準偏差（右）
σ：要素の標準偏差

　またこの図から、要素の強度のバラツキが大きいほど、その低下度合いが大きいことがわかります。

　このような直列モデルとは逆に、いくつかの要素が並列に並んだものが並列モデルです。このモデルでは、どれかの要素が破壊しても残存した要素が荷重に耐えられるなら、システムとしては機能していると仮定しています。ただ木材の強度に関しては、次のように仮定するのが妥当です。

　このシステムに荷重が作用すると、まず最も弱い要素が破壊します。そのとき残存した要素がその荷重を支えることができなければ、そこで全体の破壊に至ることになります。逆に、荷重を支えることができれば、2番目に弱い要素が破壊するまで全体の破壊は生じません。そしてこのような過程が、残存した要素が耐

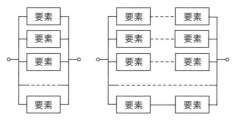

図2·27　並列モデル（左）と複合モデル（右）

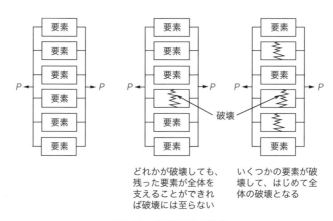

どれかが破壊しても、残った要素が全体を支えることができれば破壊には至らない

いくつかの要素が破壊して、はじめて全体の破壊となる

図2·28　並列モデルの破壊

え切れなくなってシステム全体の破壊が生じるまで繰り返されることになるわけです。

　これとよく似たシステムを持つのが平均値モデルです。このモデルでは、各要素同士が互いに強弱を補い合い、結果として各要素の平均値で破壊が生じると仮定しています。後述するように、単板積層材のせん断強度などでは平均値モデルを適用できる場合が多くあります。

　なお、上で説明したシステムは極めて単純な力学的モデルですが、いろいろな場合に適用可能です。一方、後述する垂直積層集成材の曲げ強度のように複雑なメカニズムを含む場合には、両者が混合したような複雑なモデルを考慮しなければならないこともあります。

❖特性間の相関

　実大材の曲げ強度（*MOR*）と最も相関が強いのがヤング率（*MOE*）です。密度や年輪幅、あるいは節の量など、限られた実験結果についてみれば、0.7程度の高い相関係数が得られることがありますが、一般的には相関が弱いのが普通です。

　実大材の引張強度については、ヤング率との相関が曲げの場合よりも若干、弱い傾向にあります。引張強度では節の量との相関が強いこともあります。ただ、実際の製造工程のなかで節の量を工学的に検知するのは困難であり、また節の量だけでは構造設計に必要なヤング率の値を得ることができません。このため、後述の強度等級区分においては、ヤング率を指標に用いることが一般的です。

　製材品の強度性能については、森林総合研究所と各地方の試験場で得られた実大データが集積され、「製材品の強度性能に関するデータベース」として公開されていました（表2・2）。この後、ラミナのデータ等が追加されましたが、データ提供機関等との関係から、公開内容は2005年発表のままになっています。

表 2・2　「製材品の強度に関するデータベース」に登録されたデータ数

	曲げ強度	縦圧縮強度	縦引張強度	めり込み強度	合計
アカマツ	936				936
カラマツ	1,136	219	496		1,851
エゾマツ・トドマツ	499	126			625
ヒノキ	1,364	99	98		1,561
ヒバ	866				866
スギ	8,500	805	1,530		10,835
ベイマツ	660			461	1121
ベイツガ	207				207
北洋エゾマツ	496				496
合　　計	14,664	1,249	2,124		18,498

（管理運営：森林総合研究所構造利用研究領域　2005年3月現在）

13 実大材の強度試験
── なぜ無欠点小試験体だけでは不十分なのか

　すでに前節で述べたように、実大材の強度特性は無欠点小試験片のそれより小さな値となるのが普通です。したがって、無欠点小試験片のデータをそのまま鵜呑みにして設計の資料にすると、時には危険なことになります。このため、実際の構造設計などには、様々な要因を加味した許容応力度（次節 **14** 参照）という値を用います。

　しかしながら、この値はあくまでも最大公約数的なものであるため、新しい製品や様々な加工が加えられた製品の強度特性をこの値から推測することは困難です。

　そこで行なわれるのが、実際の寸法や使用状態に近い条件を設定した実大試験です。ただ、実大実験にはヒト、カネ、時間が必要ですから、大量のデータを得るのは難しいことがほとんどです。また、データを活用するためには、何らかの工学的推測が必要となります。

❖実大曲げ試験

　実大曲げ試験は、最も一般に行なわれる実大試験です。荷重の形態としては図2・29に示すような3点曲げ（中央集中荷重）と4点曲げ（4点荷重）の2方式がありますが、一般的には4点荷重方式が採用されます。

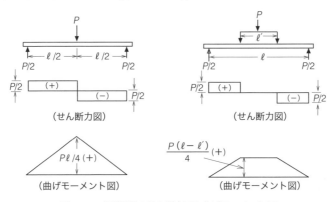

図2・29　曲げ試験のせん断力図と曲げモーメント図

モーメント一定区間とせん断区間の比率（図2・29の右下）は、板に近い形態のラミナのようなものや大断面構造用集成材のように幅に比べてせいが高いものがあるため、様々です。

　材の幅に比べて梁せい（試験体の高さ）が大きいエッジワイズ曲げの場合には、横倒れを防ぐためのサポートを設ける必要があります（図2・30）。なお、材の幅に比べて梁せいが小さい場合をフラットワイズ曲げといいます。

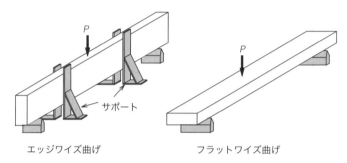

エッジワイズ曲げ　　　　　　　　　　　フラットワイズ曲げ

図2・30　エッジワイズとフラットワイズの比較

　正角などの製材では3等分点4点荷重などが用いられることが多いのですが、特に3等分点でなければならない理由はありません。ただ、すでに示したように、スパンと梁せいの比が小さくなると、せん断の影響が大きくなるので、条件設定にあたっては、注意が必要です。一般に、スパンと梁せいの比を18～20以上に設定し、せん断ひずみの影響を小さくするのが普通です。

　図2・31は構造用集成材の4点曲げ試験の様子を示したものです。梁のたわみはモーメント一定区間の変位と、全スパンの変位を測定します。後者から計算し

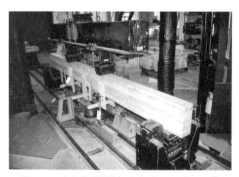

図2・31　実大曲げ試験（4点曲げ、エッジワイズ）

た曲げヤング率はせん断付加たわみや支持点のめり込みなどによって、前者よりも若干小さめの値となります。

なお、長大な構造用集成材などでは、実際に曲げ試験を行なうまえに、重量と共振周波数を測定し、動的ヤング率やせん断弾性係数 G を求めておくのが一般的です。

曲げ強度 σ、せん断強度 τ、曲げヤング率 E（いずれも単位は N/mm²）はそれぞれ次式で表されます。なお、添字の b は曲げ、p は比例限の意味です。

■ 3 点荷重の場合

$$\sigma_b = \frac{3P_{max}\ell}{2bh^2} \qquad \cdots\cdots (15)$$

$$\tau_b = \frac{3P_{max}}{4bh} \qquad \cdots\cdots (16)$$

$$E_b = \frac{P_p\ell^3}{4\,\delta bh^3} \qquad \cdots\cdots (17)$$

■ 4 点荷重の場合

$$\sigma_b = \frac{3P_{max}(\ell-\ell')}{2bh^2} \qquad \cdots\cdots (18)$$

$$\tau_b = \frac{3P_{max}}{4bh} \qquad \cdots\cdots (19)$$

$$E_b = \frac{P_p(\ell-\ell')\{3\ell^2-2(\ell-\ell')^2\}}{8\delta bh^3} \qquad \cdots\cdots (20)$$

b：試験体の幅、h：試験体のせい、δ：たわみ、その他：図 2・29 参照。

なお、上式ではヤング率の計算式に P_p を用いていますが、実際の荷重－変形曲線または応力‐ひずみ（たわみ）曲線では加力の初期に治具のガタが生じたり、きちんとした比例限度が得られなかったりすることが多いので、図 2・32 に示すように直線部分の 2 点をとり、その ΔP と $\Delta \delta$ から E を求めるのが一般的です。

さて、上の 3 点荷重の式を変形してみると、面白いことがわかります。まず、曲げ強度（曲げ最大応力）の式(15)を最大荷重（P_{max}）について変形してみると、次のようになります。

$$P_{max} = \frac{2\sigma_b bh^2}{3\ell} \qquad \cdots\cdots (21)$$

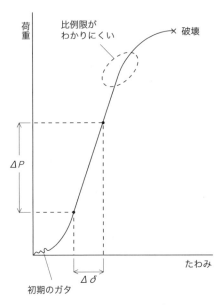

荷重

比例限が
わかりにくい

× 破壊

ΔP

$\Delta \delta$

初期のガタ

たわみ

図2・32　実大試験体の応力-ひずみ曲線

　すると、右辺の分子に h（試験片の高さ：梁のせい）の2乗があらわれます。これは梁が耐えられる最大荷重は、梁せいの2乗に比例するということを意味しています。たとえば、梁の高さを2倍にすれば、2の2乗、つまりその梁は元の4倍の荷重に耐えられるというわけです。

　もし、強度（最大曲げ応力：MOR）が30MPaの材と20MPaの材があり、両者が同じ荷重に耐えるようにするには、20MPaの材の高さを30/20＝1.5倍にする必

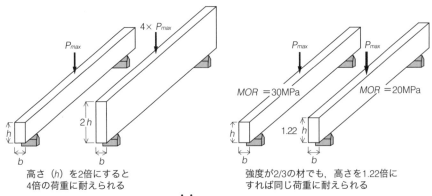

P_{max}

$4 \times P_{max}$

$2h$

h

b

b

高さ（h）を2倍にすると
4倍の荷重に耐えられる

P_{max}

P_{max}

MOR ＝30MPa

MOR ＝20MPa

h

1.22 h

b

b

強度が2/3の材でも，高さを1.22倍に
すれば同じ荷重に耐えられる

図2・33　梁のせい（高さ）と最大荷重との関係

要はありません。1.5 の平方根、つまり $\sqrt{1.5} = 1.22$ 倍にしてやるだけでよいのです。

たわみの場合には、さらに高さの効果が顕著になります。上と同様にして曲げヤング率の式(17)をたわみ（δ）について変形してみると、次のようになります。

$$\delta = \frac{P_p \ell^3}{4 E_b b h^3} \quad \cdots\cdots \text{ (22)}$$

元の式と同じように、右辺の分母に h の3乗がでてきます。これは梁のたわみ δ が梁せいの3乗に反比例するということを意味しています。たとえば、梁の高さを2倍にすると、たわみは 1/2 の3乗、つまり 1/8 まで減少するということをこの式は意味しているのです。同様にして、もしヤング率が 14GPa の材と 7GPa の材があり、両者のたわみを同じにするには、7GPa の材の高さを 14/7 = 2.0 倍にする必要はありません。2.0 の3乗根、つまり 1.26 倍にしてやればよいことになります。もちろん、上のような関係があるからといって、むやみに梁のせいを高くすると、横倒れや横座屈といった現象が生じやすくなります（図2・30参照）。

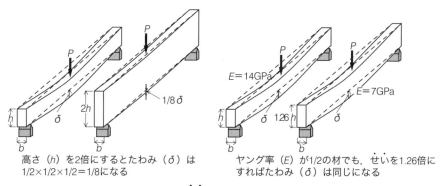

高さ（h）を2倍にするとたわみ（δ）は
1/2×1/2×1/2=1/8になる

ヤング率（E）が1/2の材でも，せいを1.26倍にすればたわみ（δ）は同じになる

図2・34　梁のせい（高さ）とたわみとの関係

❖実大引張試験

実大引張試験は、曲げ試験に比べ特殊な装置を必要とするため、かつてはほとんど行なわれませんでしたが、森林総合研究所（当時は農林水産省林業試験場）の筑波移転に際して図2・35のような実大引張試験機が設置されて以来、各地の公設試験研究機関で設置するところが増えました。

また、大断面構造用集成材の JAS ができて以来、ラミナの引張強度が重視されるようになり、プルーフローダーと実大引張試験機を兼ねた簡易型の引張試験機

図2·35　実大引張試験機

図2·36　たて継ぎラミナの実大引張試験機

（図2·36）が構造用大断面集成材の工場や各地の公設試験研究機関に多数配備されるようになりました。

　引張試験を行なう際にもっとも注意すべき点は、試験体をつかむ「チャック」です。つかみ部分の先端にはテーパーを付け、応力集中をできるだけ避けるようにしないと、試験体が切れてしまうことがあります。また、チャック部分の木材には横圧縮荷重が作用することになるので、圧潰しやすい針葉樹の場合には、堅木の添え板などを付ける必要があります。

　図2·37は2008年に森林総合研究所に設置された世界最大級の木材用実大引張試験機です。容量は2,000kN（約200トン）で、幅20〜150mm、高さ90〜600mm、長さ2,000〜8,400mmの木材を引張試験することができます。この試験機ではチャック部分が破壊しないよう、油圧で圧縮力がコントロールされています。

図2·37　世界最大級の木材用実大引張試験機（森林総合研究所）

❖実大圧縮試験

　実大圧縮の場合、無欠点小試験片の場合と異なり、試験体は「柱」になることが多くなります。柱は細長比（または、ほそながひ）の値であるλ（ラムダ）によって、短柱、中間柱、長柱に区分されます。

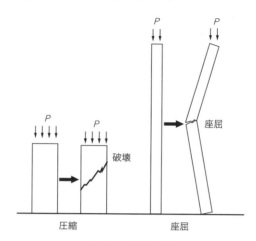

図2·38　圧縮と座屈

$$\lambda = \frac{\ell_k}{i} \quad \cdots\cdots \text{ (23)}$$

ここで $i = \sqrt{I/A}$ 、i：断面二次半径、I：最小断面二次モーメント、A：断面積。

　ℓ_k は座屈長さで、両端の支持条件によって異なる値をとります。両端が拘束のないピン状態なら、$\ell_k =$ 材の長さです。

　断面が b（幅）×h（高さ）の長方形なら

$$I = \frac{bh^3}{12}、A = bh \text{ ですから、}$$

$$i = \sqrt{\frac{bh^3}{12} \times \frac{1}{bh}} = \sqrt{\frac{h^2}{12}} = \frac{h}{3.46} \quad \text{となります。}$$

　λの値は、たとえば材の長さが3,000mmで、断面が105×105mmの柱なら、

$$i = \frac{105}{3.46} = 30.3 \quad \text{なので、}$$

$$\lambda = \frac{3000}{30.3} \fallingdotseq 99 \quad \text{となります。}$$

$$\sigma_k = \frac{n\pi^2 E}{\lambda^2} \quad (\text{N/mm}^2) \quad \cdots\cdots (24)$$

ここで、E：ヤング率（N/mm²）、n：支持条件によって異なる係数（両端ピンでは1、一端が自由で他端が固定の時は1/4、一端ピンで他端が固定では2、両端固定では4）です。

この式から明らかなように、座屈強度はヤング率の関数になります。中間柱や長柱において材料のヤング率が重要な意味を持つのはこのためです。

❖実大せん断試験

木材（軸材）の実大せん断試験は特殊なねじり試験機が必要なため、わが国ではほとんど行なわれていません。また、一般的な圧縮試験機や曲げ試験機を用いた簡便な試験方法について、いろいろな研究が行なわれていますが、今のところ、これがベストであるという方法は定まっていません。

すでに無欠点小試験片のところで説明したように、試験体の種類によっては、3点曲げ試験のスパンを極端に短くして、スパン－梁せい比を5以下に設定し、意図的に水平せん断破壊を起こさせる方法が採用されることがあります。ただし、この試験法では荷重点におけるめり込みが大きく、常に水平せん断破壊が生じてくれるとは限らないのが難点です。

また、4点曲げ試験において、支点と荷重点の位置を変え、いわゆる純せん断を起こさせる試験法も採用されることがあります（図2・39）。この試験方法も、支点や荷重点におけるめり込みなどが生じやすいので、正確な値が得られるとは限りません。

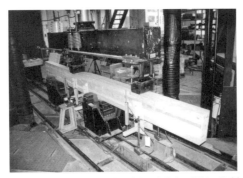

図2・39 実大せん断試験（荷重点と支持点の関係に注意）

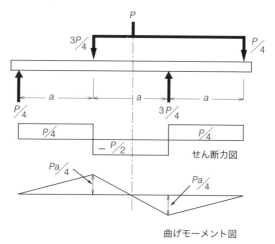

図2·40　実大せん断試験のせん断力図と曲げモーメント図

　なお、せん断断面が 10×10cm ほどの巨大なブロックせん断試験も試験的に行なわれることがあります。

　以上、木材の実大実験の必要性とその具体的方法について解説しましたが、無欠点小試験片を用いる JIS とは異なり、わが国では今のところ統一的な試験法は存在しません。米国の ASTM、欧州の EN、ISO 等に示された方法や、これらを参考にして財団法人日本住宅・木材技術センターがまとめた HOWTEC 法が用途に応じて使われています。

　現在、上記センターで構造用木材の強度試験マニュアルが学識経験者や実務者を中心に審議されていますが、各国の規格との整合性を図る必要もあるため、詳細に関しては流動的です。なお、2011 年 3 月時点での強度データの蓄積や試験方法に関しては、木構造振興株式会社から「木材の強度等データおよび解説」が刊行されていますので、ご参照ください。

14 実大材の許容応力度と下限値
── どこまでなら大丈夫なのか

　構造部材に「どれくらいの力をかけても大丈夫なのか？」、あるいは「どこまでの力なら安心して使えるのか？」を示すための指標として、建築関係では許容応力度という値を用います。

　許容応力度とは「安全に使える単位面積あたりの外力の限度」です。たとえば、「この場合のスギの圧縮許容応力度は 7N/mm² なので、一片が 10cm の柱では $7\times100\times100 = 70{,}000N = 70kN \fallingdotseq 7$ トン以上の力には耐えられません」というような具合に使われます。逆に「この柱には７トンの力がかかるので許容応力度 7N/mm² のスギを使うなら、断面が 100cm² 以上必要です」という具合にも使われます。もちろん、許容応力度が高いほうが強い材料ということになります。

　ある木材製品の許容応力度は、強度の平均値ではなくて、製品に含まれる弱いものの値を基準にして決められます（次節 **15** 参照）。なぜなら、破壊が生じやすいのは製品のなかの強い個体ではなくて弱い個体だからです。

　もう少し難しく言えば、許容応力度は強度分布の下限値によって決定されます。したがって、高い許容応力度が与えられている製品とは、平均値が高い製品なのではなくて、分布の下限値が高い製品ということになります（図2・41）。もちろんこの下限値が直接許容応力度になるのではなくて、この下限値にさらに安全率をかけた値が許容応力度になるわけです。

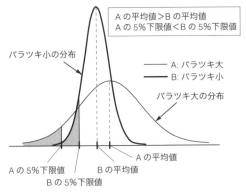

図2・41　強度の分布と5%下限値

なお下限値としては、強度分布の最低値を基準にしてもいいのですが、限られた試験サンプル数では本当の最低値などわかりようもないので、一般的には5%下限値（たとえば、100個の試験データがあったとすると、弱い方から5番目あたりの値）が使われます（ **11** 節☞ p.98）。

❖過去の許容応力度

　従来、わが国の木材の許容応力度は無欠点小試験片のデータに基づいて、次のような式により算出されてきました。

$$_sf = F_0 \times 4/5 \times \alpha \times 2/3$$

$$_Lf = \beta \times _sf$$

　ここで、$_sf$：短期応力に対する許容応力度、$_Lf$：長期応力に対する許容応力度、F_0：各樹種群の無欠点標準試験体の基準強度、4/5：バラツキの係数、α：欠点による低減係数（強度比）、2/3：比例限を意味する係数、β：長期許容応力度の短期許容応力度に対する比率で1/2。

　ちょっとわかりにくいかもしれませんが、上の式は、強度特性が近い樹種同士をまとめていくつかの樹種群とし、その無欠点小試験片の平均値を基準にして、いくつかの係数をかけ算したものが短期許容応力度であることを意味しています。

　比例限の係数を2/3にしたり、長期の許容応力度を短期の1/2にするのはそれなりの意味がありますが、バラツキの係数を4/5とするのはあまりにも大雑把すぎるといえるでしょう。また、目視区分であれ機械等級区分であれ、同じ樹種の中にも強いものと弱いものがあるのに、ここではそれが考慮されていません。

　もちろんこれは、木材に強度的品質保証がほとんどなされない時代に設けられたものであって、現在では次に示すようにもう少しきめ細かな区分がなされるようになっています。

❖現在の許容応力度

　かつて建築基準法施行令第89条には、上に述べたようないささか大雑把すぎる方法によって求められた樹種群の許容応力度が記載されていました。しかし、2001年5月にこれが大きく変わり、施行令のなかでは基準強度から許容応力を求める係数（表2・3）のみが示されて、告示1452号のなかで基準強度を示す方式に変更されました。ここでいう基準強度とは、強度分布の5%下限値、あるいは

表2·3　許容応力度を求める係数

荷重継続時間	許容応力度の算定方法	基準強度に乗じる係数
長期	基準強度に 1.1/3 を乗じた値とする	1.10/3
積雪時（長期）	長期許容応力度に 1.3 を乗じた値とする	1.43/3
積雪時（短期）	短期許容応力度に 0.8 を乗じた値とする	1.60/3
短期	基準強度に（2/3）を乗じた値とする	2.00/3

先の式で導かれた材料強度（旧）です。なお、このときに荷重継続期間も短期長期の2本立てから、より細やかな4本立てに改正されました。2021年現在でも、この方式は変わっていません。

　この告示の中で示された基準強度は、針葉樹構造用製材（目視区分）のJASに適合するもの、針葉樹構造用製材（機械等級区分）のJASに適合するもの、枠組壁工法構造用製材のJASに適合するもの、枠組壁工法たて継ぎ材のJASに適合するもの、機械による曲げ応力等級区分を行なう枠組壁工法構造用製材のJASに適合するもの、およびJASに定められていない無等級材（表2·4）に関する値です。

　たとえば、無等級材であればその基準強度（表2·4）に表2·3の係数を掛け合わせた値が許容応力度となります。また、**28** 節（☞ p.183）で説明するように、針葉樹構造用製材（目視区分）のJASに適合する木材の基準強度値は、強度的な品質保証の無い無等級材の基準強度より高くなります。さらに針葉樹構造用製材（機械等級区分）のJASに適合する木材では、それよりも高い値を得ることができます。簡単に言うと、強度に関する品質管理が厳しくなるほど、高い許容応力度を設定することが可能となるわけです。

表2·4　無等級材の基準強度

樹　　　種	基準強度（N/㎟）			
	圧縮 Fc	引張 Ft	曲げ Fb	せん断 Fs
あかまつ、くろまつ及びべいまつ	22.2	17.7	28.2	2.4
からまつ、ひば、ひのき及びべいひ	20.7	16.2	26.7	2.1
つが及びべいつが	19.2	14.7	25.2	2.1
もみ、えぞまつ、とどまつ、べにまつ、すぎ、べいすぎ及びスプルース	17.7	13.5	22.2	1.8
かし	27.0	24.0	38.4	4.2
くり、なら、ぶな、けやき	21.0	18.0	29.4	3.0

15 構造信頼性
──ウッドエンジニアリングを理解するためのキーワード

　伐採された丸太が様々な加工を経て木造建築の構造体になるまでをカバーしている科学技術体系が「ウッドエンジニアリング」です。

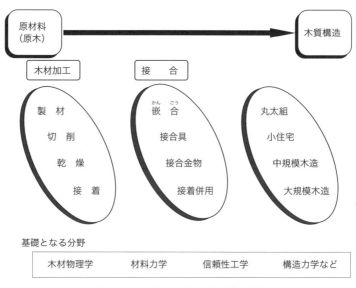

図2・42　ウッドエンジニアリングの対象

　図2・42に示したウッドエンジニアリングの流れのなかで、それぞれの技術を深く理解するためには様々な基礎科学が必要となりますが、とりわけ重要な分野が構造信頼性工学です。構造信頼性の基礎的概念が理解できれば、特に木質建材の強度特性や、重要な製造工程である強度等級区分や集成加工の意味などは、非常に簡単に理解することができます。

　信頼性関係の用語は堅苦しいのですが、内容はわかりやすいので、以下にそれを説明します。

　図2・43が構造信頼性の基礎概念を単純に表現したL‐Rモデルです。Lは荷重（ロード：Load）、Rは抵抗力（レジスタンス：Resistance）の略称です。このモデルは、機械部品のような場合にはS‐S（ストレス‐ストレングス）モデルな

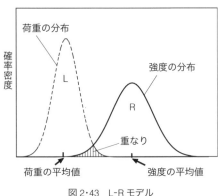

図2·43　L-R モデル

どと呼ばれることもあります

　このL‐Rモデルが示す重要な意味は二つあります。一つは、部材の強度も部材に作用する荷重もいずれも一定値ではなく、バラツキを持っているということです。

　もう一つは、部材の破壊は部材の耐力より部材に作用する荷重のほうが大きいときに生じるということです。つまり、同じロットの製品でもそれがたまたま強い部材であれば、高い荷重が作用しても破壊は生じません。逆に弱い部材であっても、それに高い荷重が作用しなければ、破壊は生じません。破壊が生じるのは、たまたま弱い部材に、たまたま高い荷重が作用した場合です。

　したがって、破壊は図中の「重なり」と示したあたりで生じやすいことになります。当然、部材の強度分布の左側の裾野部分が破壊に関与することになり、平均値はあまり関与しません。このため、前節で説明したように強度分布の左側の裾野にある5%下限値が重要な意味を持つことになるわけです。

　重なりの面積が破壊の確率をあらわしているわけではありませんので、数学的な厳密さには欠けますが、一般に重なりが小さいほど破壊の確率が小さくなり、「頼りになる度合い」すなわち「信頼性」が高くなります。したがって、構造の信頼性を高めるためには、この重なりの部分を小さくしてやればよいことになります。

　最も簡単な構造信頼性の向上方法はRの分布全体を右へ移動させることです（図2・44）。必然的に、LとRの重なりの部分が減少して破壊の確率が小さくなります。実際の例としては、製品の断面積を増加させることや製品の等級を上げること（1級から特級へ）などがこれに相当します。ただし、ここで注意しなけ

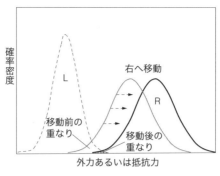

図2・44　信頼性の向上方法

ればならないのは、右へ移動するほど製品のコストが高くなってしまうことです。

　図2・45に示すように、R（強さ）のバラツキを減少させることも破壊確率を減少させることになるので、信頼性が向上します。

　このように、強さのバラツキが小さいことも材料としての性能が高いことになります。一般に、バラツキの小さな木質材料が製材よりも高い許容応力度を認められているのは、このような理由からです。

　図2・46に表されているのがプルーフローディング（保証荷重）の概念です。プルーフローディングとは、製品として出荷する前に使用応力より高い応力を製品に作用させて、安全性を確認することを言います。もし、製品中に使用応力以下で破壊が生じるような弱いものが存在するなら、この処理によって確実に除去することができます。プルーフローディングによってRの左裾野の部分が除去され、破壊確率が激減することがこの図からおわかりいただけるでしょう。

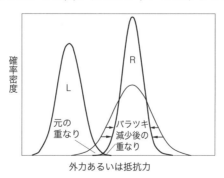

図2・45　バラツキの減少による信頼性の向上

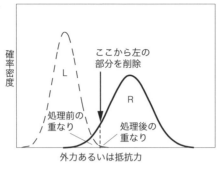

図2·46　プルーフローディング

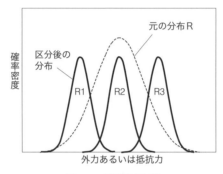

図2·47　強度等級区分

　図2・47に強度等級区分（次節で後述）の概念を示します。強度のバラツキが大きい材料であっても、強度の高いものと低いものとを区分して用いることにすれば、それぞれの等級（グレード）内のバラツキが小さくなって、必然的に信頼性も向上するであろうというのが、次節で説明する強度等級区分の考え方です。

![16] 強度等級区分
—— 適材適所のための基礎技術

　ある木材を性能別に区分することを「等級区分」、とくに強度の大小で分けることを「強度等級区分」といいます。

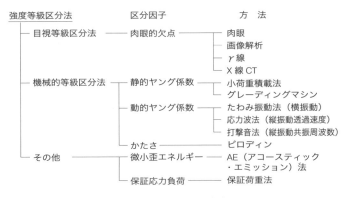

図2·48　等級区分の方法

　「強度等級区分法」を分類すると図2·48のようになります。目視等級区分法とは、外観から確認できる指標、たとえば節の大きさなどによって、等級を区分することをいいます。一方、機械等級区分法は強度性能と相関の高い材質指標によって等級を区分しようとするものです。

　ただ、一般的に強度等級区分というと、機械的等級区分法、特に木材の曲げヤ

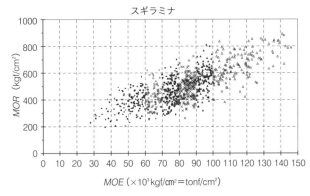

図2·49　*MOE* と *MOR* の相関関係

ング率（*MOE*：Modulus of elasticity）と強度の間にある強い相関関係（図2・49）を利用して、非破壊的に計測可能なヤング率の仕切り値を決め、強度の区分を行なうストレスグレーディングを指すことがほとんどです。

この強度区分では、たとえば、ヤング率が60〜80tonf/cm²の範囲に入る材料をその平均値であるE70と規定します。本来ならもっと細かく区分しても良いし、逆に範囲を広げても良いのですが、一般的には平均値をはさんで上下に10tonf/cm²ずつ、つまり20tonf/cm²の幅で区切るのが普通です。

強度等級区分の重要性は、前節でも述べたようにバラツキの大きい材料を区分することによって等級内のバラツキを減少させて、5％下限値を十把一絡げの場合よりも高くさせることにあります。もちろん、最弱のものは十把一絡げの場合より5％下限値が低くなる可能性が高いのですが、弱いものは弱いものとして構造用から排除すればよいだけのことです。

❖グレーディングマシン

機械的等級区分法で用いられるヤング率の測定機を、一般に「グレーディングマシン（GM）」と呼びます。グレーディングマシンの測定方式には、「静的区分法」と「動的区分法」があります。

前者では、材に加わる荷重速度が比較的緩やかに作用します。具体的には、材を2点で支持し、適当な荷重を与えて材のたわみを検出するか、あるいは強制的な一定変位を与えて荷重の大きさを測定し、その値から曲げのヤング率を求めます。

後者の動的区分法（振動法）では、いずれも材料に打撃などを加えたときに発生する共振現象や微少な振動（音波など）を利用してヤング率を計算します。

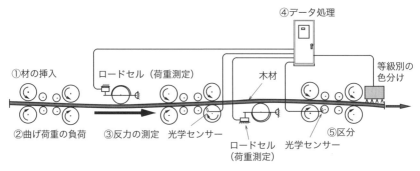

図2・50　連続型グレーディングマシン

図2·51　柱角用のグレーディングマシン

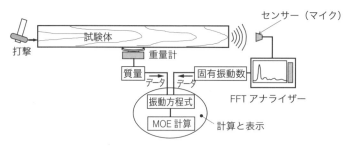

図2·52　打撃式グレーディングマシンの機構

　グレーディングマシンの実用機にはラミナのような薄い板類の測定に適した連続式（図2·50）と断面が大きな材の測定に適したバッチ式（図2·51）があります。前者を狭義のグレーディングマシンということもあります。

　動的区分法の一例として、わが国の製材工場などで最近よく採用されるようになってきた縦振動法（打撃法）の概要を図2·52に示します。

　この方法は材の重量と固有振動数を測定し、次の式によってヤング率を計算するものです。

$$E_d = (2Lf)^2 \rho \quad \cdots\cdots (25)$$

ここで、E_d：ヤング率（Pa）、L：材の長さ（m）、f：一次共振周波数（Hz）、ρ：密度（kg/m³）。

たとえば、3.0mの105mm角で、質量が13.0kgの木材が、f=700Hzであれば、

$$E_d = (2 \times 3.0 \times 700)^2 \times \{13.0/(0.105 \times 0.105 \times 3.0)\}$$

$$= 6.93 \times 10^9 = 6.93 \quad (\text{GPa})$$

動的測定法は静的測定法に比べて、荷重の負荷方法や測定装置の機構が簡単で

すから、丸太のような大きな材料やねじれた材料にも容易に適用できます。また、値の再現性が高いことも特徴の一つです。

　実は、このような機械的等級区分法は、品質管理方法によって「インプット・コントロール方式」と「アウトプット・コントロール方式」に二分され、また製品も「MSR材」と「E‐rated材（Eで区分された材）」の2種類があります。したがって、厳密には若干の違いがありますが、いずれも、ヤング率が測定されて強度等級区分された木材であると理解しておいてかまいません。

　なお、現在わが国では（一般社団法人）全国木材検査・研究協会がグレーディングマシンの機械を認定しています。これによると、2019（令和元）年10月現在でグレーディングマシンの認定機種は13機種です。ただ住宅会社や集成材工場で自社開発されたものもあり、さらに輸入された製品も使われています。いずれにしてもグレーディングマシンの使用は今後さらに増えるものと思われます。

❖強度データベースの必要性

　グレーディングマシンによる製材品に対する強度保証の現状は、ヤング率、含水率、生産工場などの表示が、ようやく市販品でも増加しつつあるといったところです。これだけのことでも、そのような強度の品質保証がなかった二十数年前の状況に比べれば大いに進歩したといえますが、単なるヤング率の測定だけでは強度保証が十分であるとはいえません。なぜなら、ヤング率で強度保証ができることの大前提として、ヤング率と強度の間の相関関係が明確になっていなければならないからです。つまり、ヤング率と強度に関する実大材のデータがそれなりの数量そろわなければ、ヤング率の測定は単なる測定に終わるだけであって、それが最終的な製材品の強度を保証することにつながらないのです。

　実大材の強度特性のところでも少し述べましたが、森林総合研究所を中心に強度データベースが整えられてきました。また、林野庁のデータ収集・整備事業のなかでも、製材の強度データが収集されてきました。

　もちろんこれらは存在意義の大きなデータベースですが、強度に関する国産材の信頼性を高めるうえでも、産地ごとに定期的にデータが収集され、それを構造設計者などが自由にかつ簡単に利用できるようなシステムの構築が強く望まれています。

17 E‐F表示
—— ヤング率と強度の表示方法

　構造用木質材料の品質表示マークには、強度等級 E75‐F240 などと表示されています（図2・53）。構造用の製材でも、カナダツガのように E と F の値が表示されていることがあります。

　この表示では、E がヤング率を、F が曲げ強度を意味していますが、その製品のヤング率と曲げ強度の推定値を表しているものではありません。

　いま構造用集成材の E75‐F240 を例にとると、まず E75 は製品全体のヤング率の平均値が 7.5GPa 以上であることを意味しています。平均値ですから、当然 7.5GPa 以下の製品もそのなかには混じっています。E75 の場合、先に述べた「5%下限値」が 6.5GPa です。ただ、現状の集成材の製造方法では E75 なら 6.5GPa 未満の製品は無いと考えることができます。つまり、E75 と製品に書いてあれば、その材の曲げヤング率が、最低でも 6.5GPa 以上で、製品全体の平均値が 7.5GPa 以上であることが保証されているということになります。

図2・53　JAS 製品の表示（左は構造用集成材、右は構造用製材）

　一方、F240 は曲げの「基準強度」です。先に述べたように基準強度は建築基準法の施行令で定められた値であり、この値に使用期間の係数（長期なら 1.1/3）を掛けた値が「許容応力度」になります。F240 なら、24 を 3 で割って、1.1 を掛けることになるので、長期の許容応力度は 8.8 MPa となります。

構造用集成材の各製品の基準強度の決め方は過去の建築基準法や施行令で与えられてきた値を継承している場合もありますし、実験により得られた強度データに基づいて理論的に導かれたものもあります。ただ、いずれにしても基準強度は強度分布の平均値や中央値ではなくて、分布の下に位置する「5%下限値」相当の値です。

＊本来は 10 トン f/cm^2 ≒ 0.98GPa、10kgf/cm^2 ≒ 0.98MPa ですが、ここでは話をわかりやすくするために、10 トン f/cm^2 ＝ 1GPa、10kgf/cm^2 ＝ 1MPa と表示しています。

［参考］　面内と面外
　近年、パネル状の大型木質材料であるCLT（直交集成板）の登場によって、木材の強度関係でもよく使われるようになった用語が「面内」と「面外」です。
　図2・54は曲げの場合ですが、面が平らな状態で小端側から荷重をかけるのが面内曲げで、床のように面の上から荷重をかけるのが面外曲げです。

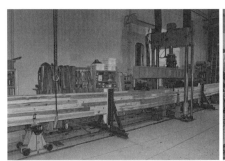

図2・54　CLTの面内曲げ（左）と面外曲げ（右）試験

3章
木材の加工

　構造用の木質建材のなかには、①単なる丸太、②それを鋸で切削した製材、③原料である木材をいったん構成要素（エレメント）に分解し、その後に再構成した木質材料、④それらをさらに複合させた木質複合材料があります。

　丸太は形状や寸法に制限があるために、特殊な用途にしか使われませんが、加工のエネルギーが少ないので、二酸化炭素の固定という機能から考えれば有効な使い方であるともいえるでしょう。製材は量的には最も多く使われますが、寸法や性能に制限があります。木質材料や木質複合材料は製材では得られないいろいろな特性を持つことができますが、接着剤を使うことに起因する制限があります。

　いずれにしても、いわば天然の構造体である樹木を人間の都合で加工するわけですから、様々な加工上・利用上で一長一短があるのは当然です。たとえば、健全な樹木として存在しているとき、樹体内の木材はすべて繊維飽和点以上の含水率を持った生材です。これを人間の居住環境に合わせようとするから、乾燥によって収縮や割れが生じるわけです。「未乾燥だ、くるうので困る」などというのは人間の勝手な言いぐさであって、樹木にとってはズブズブの生材が当たり前の状態なのです。

　化粧・造作用途では嫌われがちな節や、構造用では排除されてしまうアテ材も、樹木が生きていくためには必要な組織です。樹木にとってみれば欠点でも何でもありません。また、我々人間の運動能力が1人1人異なるように、木材の強度特性がバラつくのも生物体である以上、当然です。

　本章では、このような生物体である樹木を、人間にとって使いやすい構造部材に加工するための技術について解説します。なお、構造用途とは直接関係がない加工、たとえば表面の塗装や防腐処理などについては、省略しました。

18 製材（ひき材）

　木材の加工方法のなかで最も基本的な技術が「製材」です。大昔、鋸のない時代には大径材をくさびなどで割っていたこともありますので、「製材とは何か」と考えるとなかなか定義は難しいのですが、一般的には帯鋸や丸鋸などを用いて木材の形を整えることを「製材」と呼んでいます。また、なぞなぞのようですが、製材された製品も「製材」あるいは「製材品」と呼ばれます。

　鋸を用いるひき材と次節に述べるような切削加工は木材加工の基礎技術であって、たとえば、刃先の材質と切れ味の関係など、生産工学的にも興味がつきない分野です。しかし、製材と切削加工の種類によって木材の強度特性が影響されることは少ないので、ここでは「丸鋸」と「帯鋸」の特徴などを簡単に説明するだけにしておきます。

　ただし、木取りの方法によって、目切れや節の出現状況が変化し、製品の強度が変わることがありますので、これについては解説します。

❖帯鋸

　言葉で説明するより写真を見たほうがその構造を理解しやすいでしょう。図3・1右のように、歯（刃）を帯状の鋼に付け、両端を溶接して輪にしたものを、2つの鋸車にかけて回転させるものが帯鋸です。図3・1左のように材を保持して

図3・1　帯鋸と送材車（左）、小型のテーブル帯鋸とその鋸車（右）

前後の往復運動を繰り返す「送材車」がついたものから、小型のテーブル帯鋸まで様々な種類があります。

　鋸歯の付いた鋼製のベルトがエンドレスに回転するという機構から考えてもわかるように、帯鋸の大きな特徴は大径材や大断面の材を挽くことができるという点です。また鋸の厚さが薄いので、挽き減りが少なく、歩止りが低下しにくいことも特徴です。ただ、鋸歯がベルトに付いているので、刃物としての剛性は高くありません。このため、木材の寸法精度や挽き肌の仕上がりは丸鋸に比べれば良くありません。

　図からわかるように、帯鋸は比較的単純な工作機械ですが、メンテナンスフリーではありません。鋸歯は摩耗しますので、「目立て」は定期的に行なう必要があります。また、切削時に発生する熱による変形防止のための種々の加工（背盛りや腰入れ）も必要になります。とはいえ、計測技術やコンピュータ制御技術の飛躍的な進歩によって、材の中心位置を決めるセンタリングや最適木取りの自動化など、大幅な省力化や加工精度を向上させることなどが可能となっています。

　このような傾向が顕著に表れているのが、「ノーマンツインバンドソー」の普及です。ノーマンとは無人という意味の和製英語、ツインは一対、バンドソーは帯鋸という意味です。図3・2に示すように、ノーマンツインバンドソーには木口の中心を固定して設定どおりに回転できるチャックのついた送材車が設置されています。この送材車に丸太が載せられ、両端をはさまれた状態で一対の帯鋸の間に送り込まれます。一度に二面が切削されるので、当然、製材効率は高くなります。次に送材車が元の位置にまで戻され、材が回転、あるいは両帯鋸の間隙が調

図3・2　ノーマンツインバンドソー

整されたのちに、再び帯鋸の間に送り込まれます。このような工程が何回か繰り返された後に工程が終了します。ノーマンという名前が示すように、この機械の最大の特徴は丸太の位置決めから木取りまでの工程をすべて自動で行なえるところにあります。もちろん、完全無人の完全自動生産というわけにはいきませんので、作業員がラインに配置されるのが一般的です。

　このようなノーマンツインバンドソーの一般的な普及は、中小径材の製材効率を向上させましたが、図3・2からも明らかなように、太くて重い大径材を製材することはできませんので、全国的に増加しつつある直径40cm以上の大径材の価格を低下させるという皮肉な事態を引き起こしてしまいました。

❖丸鋸

　特にあらためて説明する必要もありませんが、丸鋸とは鋼製の円盤の外周に鋸歯を取り付け、その円盤を回転させることによって、木材を切削するものです。帯鋸に比べれば、のこの厚さが厚いため、挽き減りが大きく、製品の歩止りも低くなりがちです。またその機構から考えても、直径のせいぜい1/3程度の厚さの材しか挽けません。ただ、円盤の剛性が高いので、帯鋸より精度の高い加工が可能です。また、挽き肌も美しくなります。もちろん機構そのものが単純ですから、機械部品のメンテナンスも容易です。なお、切削時に発生する熱によって鋸が変形するのを防ぐために、あらかじめ円盤の内側に内部応力を発生させておく「腰入れ」という加工が施されます。

　丸鋸に関するここ十年くらいの技術的進歩としては、鋸歯の先に超硬合金がろう付けされるようになって、耐摩耗性や加工精度が向上してきたことがあげられます。

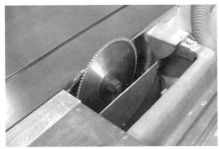

図3・3　丸鋸

❖木取りと強度

　木取りの方法によって製材された木材の強度が大きな影響を受けることがあります。「旋回木理」の大きな丸太やテーパーの大きな「梢殺」の丸太を製材するときの目切れなどがそれに相当します。

　図3・4と図3・5から明らかなように、旋回木理を持った丸太やテーパーの大きな梢殺材では目切れが発生しやすくなります。なお、梢殺材では中心定規挽きのような製材方法をとらずに、表面を基準にした側面定規挽きとするのが普通です。

　もう一つ、木取り方法と木材強度の関係で注意しなければならないことは節の出現状態です。

　いま仮に、単純に丸太をだら挽き（回転させないで縦方向に順に挽く）して、集成材のラミナ（ひき板）をとる状態を考えると、図3・6のようになります。ここで中心の髄から放射方向に伸びている図形が節を表しています。ただし、この図では奥行きを無視していますので、同一断面にすべての節が集中しているわけではありません。

　図から明らかなように、中心部の髄を含むラミナでは節の含まれる可能性が高

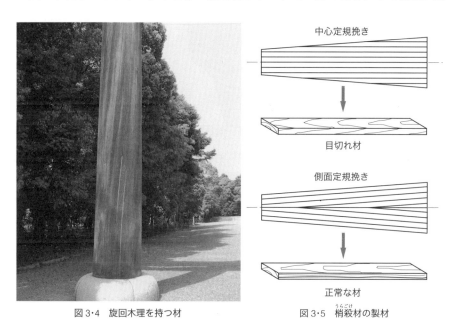

図3・4　旋回木理を持つ材

中心定規挽き

↓

目切れ材

側面定規挽き

↓

正常な材

図3・5　梢殺材の製材

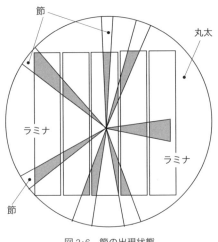

図3·6　節の出現状態

くなります。特に流れ節（材の幅方向に含まれる長い節）が含まれることが多くなりますので、構造用ラミナに使えない場合が多くなります。この図は単純な場合を表現していますが、髄が偏心している場合も多いので、その時にはさらに出現の状態が複雑になります。

　スギの並材（直径30cm以下）のような原木から集成材を製造すると予想以上に歩止りが悪くなることがあるのは、このような節の頻度が高い低質ラミナが出現して、それを排除しなければならないことが一因です。

　集成材のラミナの製造工程において、単純にラミナをだら挽きするのではなくて、外周部分からラミナを取って、内部を柱角にする木取りが採用されることがありますが、強度的な視点からみれば合理的だといえるでしょう。

⑲ 機械加工

　木材を切削する加工には、鋸による製材だけではなしに、様々なものがあります。たとえば、かんな掛けのような平削りやドリルによる穿孔などがそれです。ただし、これらについても製材技術と同様に、木材の強度特性に関連するのは、限られた加工方法だけです。

　本節では、構造用合板や構造用 LVL を製造するときに不可欠な技術である単板切削と、ここ十年くらいの間に多用されるようになってきたプレカット加工について簡単に解説します。

❖単板切削

　木材に大型のナイフのような刃物をあて、薄くて長いエレメント（単板：ベニア）を作ることを単板切削といいます。

　とくに図3・7のように原木丸太を回転させ、そこに大きなナイフをあてて、大根のかつら剥きのように単板を切削することをロータリー切削といいます。この機械がロータリーレース、切削された単板がロータリー単板です。合板や LVLの製造には一般的に長さ 2m 程度のロータリー単板が使われます。

　ロータリーレースによる切削では、図3・8にあるように元々丸いものを平らに延ばすことになりますから、単板の裏側には細かいひびのような割れが入ることになります。これを単板の裏割れといいます。裏割れの発生は理論的に避ける

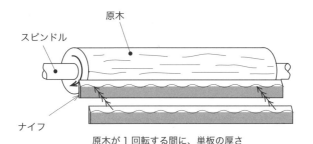

原木が1回転する間に、単板の厚さ
だけ原木の中心方向に移動する。

図3・7　ロータリーレースの原理

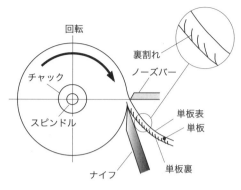

図3・8　ロータリー切削による裏割れの発生

ことはできませんが、表側にまで貫通してしまうようでは強度的に問題となることがありますので、できるだけ発生しないように、切削の条件を適正に設定する必要があります。

　このようなロータリーレースによる方法とは別に、製材品にかんなをあてるようにして1枚1枚、単板を薄くスライスする方法もあります。この機械をスライサー、製造される単板をスライスド単板といいます。スライサーは基本的に原材料を分割するだけなので、製造される単板はロータリー単板のように幅広にはなりません。スライスド単板は、造作・化粧用として集成材や合板の表面に貼るために用いられます。

　常識的に考えれば明らかなように、ロータリー単板の製造には、製材より高い技術が要求されます。とはいっても、ラワンなどの南洋材の合板が主体であった

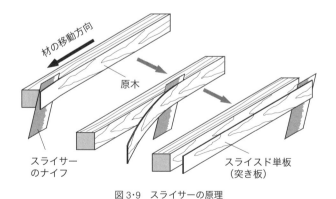

図3・9　スライサーの原理

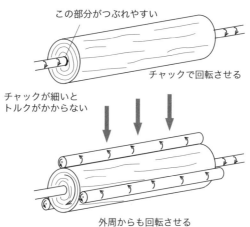

この部分がつぶれやすい

チャックで回転させる

チャックが細いと
トルクがかからない

外周からも回転させる

図3・10　外周駆動型ロータリーレースの原理

1970年代に比べれば、ロータリーレースの飛躍的な進歩によって、技術的なハードルはずいぶん低くなりました。また電子制御技術の進歩によって、製造機械そのもののコントロールも容易になってきました。

　たとえば、1980年以前には、材質が柔らかくて、早晩材の硬さが異なっていて、なおかつ硬い節が存在しているスギの丸太から、良質のロータリー単板を歩止りよく製造するのはなかなか困難でした。しかし、現在では図3・10のような外周駆動型のロータリーレースの開発とその周辺の様々な技術開発によって、スギの小径木からでも効率よく単板が得られる（剥き芯が1cm程度まで）ようになっています。

　一般に、針葉樹ではいわゆるラワン類と呼ばれる南洋産広葉樹に比べて、厚さのムラや剥き肌の荒れなどが発生しやすくなります。また、マツ類のように節が一個所から放射状に出現する場合（輪生節）には、欠点が一列に集中してしまうことがあります。

　単板切削における歩止りは、製材品や集成材のラミナのそれに比べれば高いわけですが、さらに歩止りをあげるためには、原木の荒剥きの段階で排出される端材を有効に処理しなければなりません。このような端材部分をPSLのようなストランド系木質材料の原料に利用できれば好都合ですが、現状ではなかなか困難です。

　また、剥き芯の処理も問題です。園芸用や土木用のいわゆる丸棒製品として、

剥き芯がコンスタントに処理できればいいのですが、それが不可能であれば、本来の製品とは別に、剥き芯の製品開発も必要になります。

❖プレカット加工

　在来軸組構法の構造用材の加工方法として、ここ半世紀の間に大きく発展をとげてきたのがプレカット加工です。というよりも現代の在来軸組構法ではプレカットが主流であるといってもよいでしょう。もちろん、プレカットとは予め（プレ）、切削（カット）しておくというような意味です。かつてのように、大工が下小屋で継手や仕口を手で刻んでいくのではなくて、あらかじめ工場で加工しておいて、建築現場では材を組み立てるだけというのがプレカットです。

　プレカット加工は切削技術の面からみれば、それほど複雑なものではありません。図3・12のように何種類かのドリルやモルダーが自動的に切削加工をしていくだけですが、その工程管理には高度な技術が要求されます。

図3・11　プレカットされた構造部材

図3・12　端部のプレカット加工機

一般に生産規模が大きいプレカット工場ほど、加工の自動化が進んでおり、コンピュータで住宅の図面が完成すると、そのデータが加工機械に送られ、自動的に家一軒分の木材が加工されるようになっています。また近年では、住宅の構造計算も同時に行なえるようなシステムも開発されています。さらに、構造材だけではなく、筋違いのような小断面の「羽柄材」についてもプレカット加工が多用されるようになってきました。

　もちろん、プレカットは、手仕事を機械仕事に置き換えただけですから、精度の良さに由来する初期のガタなどは減少しますが、構造体の強度が直接向上するわけではありません。

　なお、図3・13のような住宅用のプレカット機械だけではなく、中大規模木造建築に用いられる大型のCLTや大断面集成材を精度よく加工できる高性能加工機も登場しています（図3・14）。

図3・13　丸太用のプレカット加工機

図3・14　高性能加工機（左）とプレカットされた大型部材（右）

20 乾燥

　1章でも述べたように、たとえ高い含水率の生材であっても、乾いた室内に放置しておけば、木材は自然に乾燥して気乾含水率に達します。乾燥している間に木材は徐々に収縮しますが、それにともなって生じた内部応力のために割れが入ることもあります。

　一方、木材中に存在していた成長応力などは時間の経過と共に徐々に解放されてゆきます。これがいわゆる「枯らし」ですが、その最大の欠点は乾燥が完了するまでに長期間を要することです。家具用の重硬な広葉樹では年単位の時間が必要になることもあります。また、枯らしの初期の頃にはカビが生えたり、腐朽菌が侵入してしまう可能性もあります。さらには木口からの乾燥を抑制しないでおくと、大きな割れや裂けが生じてしまうこともあります。このような損傷を防ぐと共に、平衡状態に達するまでの時間を短縮しようとして、いろいろな木材乾燥技術が開発されてきました。

　乾燥技術には、伐採した後に葉を付けたまま林地に放置しておく「葉がらし乾燥」から、乾燥室の中で高温蒸気によって乾燥させる「高温乾燥」まで、じつに様々なものがあります。当然のことながら、それぞれに長所短所があるので、製品の使用目的やコスト、必要とする時間などによって、最も適した乾燥方法が選ばれます。

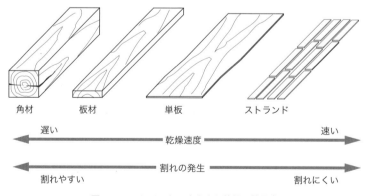

図3·15　エレメントの大きさと乾燥の難易度

たとえば、構造用のフェノール樹脂接着剤を使う木質材料では、熱圧時に生じるパンク（高熱によって発生した水蒸気が逃げ場を失って製品を破壊してしまうこと）を避けるために、エレメントの含水率を全乾状態に近いところまで下げる必要があります。同じ構造用であってもレゾルシノール樹脂接着剤を使う場合には、熱圧が不要なので、気乾程度の含水率に下げるだけで問題ありません。逆に下げすぎると、製品になってからの「ふくれ」が生じることになります。

　木材の乾燥時間は材の厚さが薄いほど短くなります。乾燥の速さは厚さの比の1.5〜2.0乗に反比例しますので、製材の柱よりも集成材のラミナのほうが、さらにラミナより薄いベニアのほうが乾燥時間が短くなります（図3・15）。また、薄ければ薄いほど、含水率の差によって生じるエレメント内部の乾燥応力も低くなりますので、割れのような損傷が生じることも少なくなります。このため、エレメントの小さな木質材料では乾燥方法が木材の強度特性に対して直接的に影響を及ぼすことはほとんどありません。

　製材品であっても、2×4インチ程度の断面のディメンションランバーであれば、比較的乾燥が容易なので、強度特性と乾燥方法の関係に神経を使う必要はありません。

　強度特性に関して大きな問題が生じるのは、比較的断面の大きな心持ち柱角などを乾燥するような場合です。大断面の材では表面と内部の間に含水率の傾斜（勾配）、つまりよく乾いているところと乾いていないところが同時に存在しますので、表面割れ（材面割れ）や内部割れのような損傷が生じやすくなります。このため、乾燥方法の相違が製品の強度特性に影響を及ぼすことになります。

　本節では、技術的に最も困難であり、現在もその改良に大きな勢力が投入されているスギ心持ち正角材の乾燥方法と、その強度に及ぼす割れの影響について説明します。

❖スギ心持ち材の乾燥方法

　建築関係にはあまり知られていないことですが、背割りのないスギ心持ち正角の人工乾燥は実は非常に困難です。スギは伐採時の含水率が非常に高いこと、含水率が材の内部で大きく変動すること、割れやすいことなどの理由により、かつてスギ心持ち正角はほとんど人工乾燥されませんでした。

　ところが、川下側からの心持ち乾燥材への要求が強まり、技術開発が開始され

表 3·1　スギ心持ち柱角の乾燥方法

乾燥方式	温度 (℃)	特徴・問題点	乾燥日数 (日)
蒸気・高周波複合乾燥	80 ～ 120	乾燥が速い、設備費が高い、含水率が均一に仕上がる	3.5
蒸気式乾燥（高温）	100 ～ 120	乾燥が速い、設備の耐久性に不安がある、材色変化が生じやすい	5
蒸気式乾燥（中温）	70 ～ 80	標準的、各種燃料が利用できる、汎用性が高い	14
燻煙乾燥	60 ～ 90	設備が簡単、残廃材が利用できる、燃料費が安い、品質管理が難しい	14
除湿乾燥（低温）	35 ～ 50	扱いが簡便、長い時間がかかる	28
天然乾燥	常温	割れやすい、広い土地が必要	—

対象材：スギ心持ち柱、仕上げ寸法 10.5cm 角、背割りなし、仕上げ含水率：20％以下
（『乾燥材生産の技術マニュアル』全国木材組合連合会、2006）

ました。といってもそれほど昔のことではなくて、技術開発が本格化したのは 21 世紀に入ってからです。

　現在、スギ心持ち正角の乾燥に用いられている方法には表 3・1 のようなものがあります。この表からも明らかなように、いずれの方法にも短所長所があって、これでなければならないという方法はありません。

　ただ、2000 年代に表面割れを防止する有効な手法として「高温セット処理」が開発され、これが前処理技術として様々な乾燥手法に応用されるようになってきました。この用語に厳密な定義があるわけではないのですが、生材を 120℃ で長くても 24 時間乾燥処理することを一般的に高温セット処理と呼んでいます。

　高温セット処理では、乾燥の第一段階として、まず 90℃ 程度の蒸気で表面を軟化させた後、120℃ の温度で急激に乾燥させます。すると、軟らかくなった表面が、大きく引張されながら乾燥することになるため、表層に大きな引張のドライングセットが生じます。この結果、表層の収縮量が減少するため、表面割れが生じにくくなるのです。言葉で言ってもわかりにくいかもしれませんが、いわばアイロンで表面をパリッとさせておいてから乾燥するというようなイメージです。

　もちろん、そのままの状態で乾燥を続けてしまうと、表面と内部の応力の差が大きいままなので、どこかでこの処理を止めなければなりません。一般的な最適値はおよそ 24 時間以内、温度が 120℃ です。21 世紀に入って、この高温セット処理の条件が明らかになったことによって、スギ心持ち乾燥材の品質がおおいに

向上したわけですが、乾燥機の大きさ、種類、熱源、木材の処理量、初期含水率等々によって、最適な乾燥スケジュールは微妙に異なってきます。また、ヒノキやカラマツといった樹種では当然それぞれの乾燥スケジュールが異なります。

なお、以上述べたことは材の四面に最も収縮しやすい板目が存在する心持ち角材についての話です。心去りの二方柾や四方柾では、割れを生じさせずに人工乾燥することはそれほど難しい話ではありません。もちろん、薄い板類でも同様です。

❖表面割れと内部割れ

スギ心持ち材の乾燥技術の現況は上に述べたとおりですが、本項ではその機構についてさらに詳しく解説します。

木材の乾燥に技術を要するのは、①結合水が木材中から簡単に出ていかない、②結合水が出てゆくときに木材の変形を伴う、③さらにその変形が異方性をもつためです。

図3・16に示すように、心持ちの角材を上下に二分割してから乾燥すると、1章の板目板の反りのところで説明したように、上下の材は木表側に凹の状態でなるよう変形します。ところが、二分せずにそのまま乾燥させると、繊維飽和点以下になった表層部分では材が収縮しようとしますが、内部では簡単に水分が出て

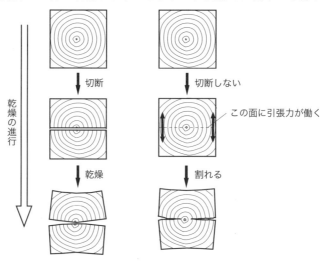

図3・16　心持ち柱角の乾燥と変形

図3・17　背割り後の変形

いかないため、材が容易に収縮することができません。このため表面の近くに大きな引張応力が発生します。図の右に示すように、この引張応力が木材の横引張りを越えてしまうと表面に割れが生じてしまいます。ごく簡単に言ってしまうと、このような水分の偏在（水分傾斜）によって生じる引張応力が、乾燥の初期段階に木材表面の割れを発生させる原因です。

　したがって、この引張応力を緩和してやれば、割れは生じなくなります。最も簡単な割れ防止の方法が背割りです。メカニズムを説明するまでもありませんが、背割りは初めから人工的に割れを発生させて、応力の発生を防ぐ技術です。もちろん背割りを入れると乾燥後に大きな変形（図3・17）が生じますので、その対策、たとえば二度挽きやかんな掛けによる修正が必要となります。

　針葉樹材の乾燥に関して、かつてはこのような対策で十分とされていたのですが、プレカット加工が主流になったことや、阪神大震災以降に種々の構造用接合金物が多用されるようになったため、方向性があって取り扱いが面倒な背割り材は敬遠されるようになりました。また、気密性という点でも背割りの存在は不利に働きます。このため、「背割りのない心持ちの乾燥材が求められる」という乾燥技術にとっての大難題が生じたのです。

　表面割れについては上で簡単に説明しましたが、生材から人工乾燥させていくような場合にはもう少し複雑な現象が生じています。図3・18にその乾燥経過の模式図を示します。

　①まず木材表面から水分が乾燥してゆき、表層の含水率（MC）が低下します。

②表層の含水率が繊維飽和点（FSP）以下になると収縮が始まりますが、内部
　は高含水率のままです。この結果、表層には引張応力が生じ、逆に内部には
　圧縮の応力が生じます。この結果、表面割れが発生しやすくなります。

③表面割れが生じないで応力が解放されない場合、表層部の収縮が固定された
　セット状態で乾燥が進むことになります。乾燥がさらに進むと、やがて表層

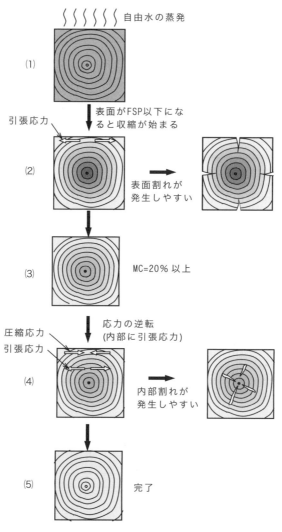

図3・18　心持ち柱角の乾燥と変形

と内部の応力が消失することになります。この時の含水率（MC）は針葉樹で20%以下です。

④引き続いて内部の乾燥と収縮が進みますが、今度は収縮が固定された表層がそれに抵抗し始めて、応力の逆転が起きます。つまり内部に引張応力が、外層には圧縮応力が生じます。

⑤このため変形に追従できない内部で内部割れが発生する可能性が高まります。
　一般的には、この状態で乾燥が終了することになります。

　簡単に言えば、このような経過を経て、心持ち柱角が乾燥されるわけですが、120℃で24時間以内という高温セットの処理条件は、高温による材質劣化を防ぎながら、②で表面割れを防いで引張セットを生じさせるための条件といえるのです。

　もちろん、高温セット処理は、いわば前処理ですから、その後の乾燥スケジュールは乾燥方法によって様々です。たとえば、人工乾燥と呼べるがどうか微妙なところですが、高温セット処理した後に、天然乾燥する手法も開発されています。

❖割れと強度の関係

　人工乾燥したものであれ、生材から自然に乾燥したものであれ、貫通割れのような大きな割れでない限り、表面割れ程度で曲げや圧縮強度が低下することは考えられません。また割れの深さが厚さの50%以内であれば、曲げの剛性もせいぜい5%程度の低下でしかありません。

　問題となるのは、不適切な高温乾燥スケジュールによって生じる「乾かしすぎ」にともなう材質低下や内部割れです。とくに大きな内部割れはせん断強度の低下をもたらします。この意味でも無理のない乾燥スケジュールの選択が非常に重要です。

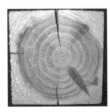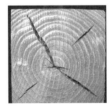

図3・19　スギ心持ち正角に生じた種々の乾燥割れ
左から、軽微な表面割れ、軽微な内部割れ、極度の表面割れ、極度の内部割れ。

図3・20　強度低下が心配されるような継手部分の割れ

　耐蟻性に関しては高温処理の影響はあまりないものの、耐腐朽性に関しては120℃を超えると悪化するというデータが示されています。

　前書が発行された頃に比べて、高温セット処理の技術が高度化してきたため、人工乾燥されたスギ心持ち柱角の品質は明らかに向上してきましたが、残念ながら完全に表面割れや内部割れをなくせるところまでには至っていません。

　したがって、ある程度の割れは許容せざるを得ません。先にも述べたように部材そのものの強度が割れによって大きく低下することはほとんどありませんが、接合部に関しては大きな問題になることがあります。たとえば図3・20のようにプレカット継手・仕口の鎌や蟻の部分に大きな内部割れがある場合には、強度が低下する可能性があります。在来構法用の補助金物などでは、内部割れがあっても影響は少ないと思われますが、ホールダウン金物に使われるラグスクリューのように材の深くまでネジが達する場合や短いホゾをボルトや込み栓でとめるような場合には影響がでるものと思われます。

　なお、上述したような心持ち柱角の人工乾燥技術が高度化したため、4章で紹介する接着重ね材等の製品が製造可能となったわけです。

21 接着

　現代人の生活は接着と接着技術によって支えられているといっても過言ではありません。たとえば、この本も接着剤が無ければ作れません。木質建材には接着剤を使ったものがたくさんありますので、上手に使いこなすためには、接着の基礎をきちんと理解しておくことが、何よりも重要となります。

　ほとんどの木質材料は、ラミナや単板などのエレメントを接着によって再構成した製品ですから、接着はいわばその生命線となると言えるでしょう。接着がもし不完全であれば、製品としての機能は果たせません。製品によって求められる性能は様々ですから、木質材料の製造には種類や用途に応じた様々な接着剤が用いられます。もちろん、接着剤の種類だけではなく、積層・接着する方法にも様々なものがあります。

　建築系の教育機関では、接着や接着剤について教えることはほとんどありませんので、本節と次節では、接着に関連したこれらの技術と接着剤の種類などについて少し詳しく解説します。

❖接着とは

　接着とは、2つ又はそれ以上の材料を第三着である中間層を介在させて、互いに接合することをいいます。この場合の第三者が接着剤ということになります。

　接着のメカニズムはかなり複雑で、なかなか統一的な理論で説明しきれません。このため、現在でも完全に理論的に現象が説明できているわけではありません。

　一般に接着の強度発現機構としては、電子の配置の偏りによって生じる分子間力、水素結合、さらには接着剤と被着材との化学結合などが、複合的に作用しているものと考えられています。なお、木材の場合には、空隙や細胞壁の孔に接着剤が入り込み、それがくさびのような働きをする「投錨効果」も強度発現の原因として考えられています。

　接着の理論はともあれ、木材の接着について理解しておかなければならない点を次に述べます。

図 3・21　接着剤の種類

❖接着剤の種類

　接着剤には様々な種類があって、化学組成、見かけの形態、強度などによって分類されています。図 3・21 に示した接着剤の分類で、「熱可塑性」とあるのは鎖状の高分子が並んでいるだけで、熱によって再び軟化する性質を持った接着剤のことです。一方「熱硬化性」とは高分子が三次元的に架橋結合していて、いったん硬化すると、もはや軟化しない接着剤です。

　木材用の接着剤にも、熱可塑性のものと熱硬化性のものがありますが、構造用に関してはすべてが熱硬化性です。

　ウッドエンジニアリングにおいて、接着は非常に重要な基礎技術ですが、実用的には、特によく使われる接着剤の特徴、たとえば、常温で硬化するかどうか、耐水性、強度、価格、VOC（揮発性の有機物質）の発生しやすさといったことを理解しておけば、それで十分です。また、木材用接着剤はそれほど種類が多くありませんので、基本的なことさえ理解しておけば、誤った使い方をしてしまうこともないはずです。

❖家庭用木材接着剤

　木材用の接着剤と聞いて、たいていの人がまず最初に思いつくのは、「ポリ酢酸ビニル樹脂エマルジョン接着剤（通称：木工用ボンド）」でしょう。この乳白状の接着剤は、水性で取り扱いが極めて容易なので、家具木工用をはじめとして一般家庭用としても非常に広く用いられています。

　ただし、熱可塑性であり、耐水性や耐熱性が高くないので、スライスされた化粧単板を接着するような特殊な場合を除いて、一般的な木質材料の製造にはほと

んど用いられません。

　近年 DIY ショップなどでよくみかけるようになった「ホットメルト接着剤」も典型的な熱可塑性の接着剤です。エチレン酢ビ共 重 合樹脂を主体としたこの接<ruby>きょうじゅうごう</ruby>着剤は、その名のとおり、熱をかけて溶かし、それを被着材に塗布するものです。温度が下がった時点で接着は完了しますが、再度温度が上昇すると、軟化してしまいます。当然のことながら、構造用には適していません。

　コンビニエンスストアなどでよく目にする、2 液性の「エポキシ樹脂接着剤（通称：エポキシ）」や、瞬間接着剤として有名な「α−シアノアクリレート系接着剤（通称：アロンアルファ）」は、構造用としても使える場合もありますが、非常に高価であるため、極めて特殊な用途を除いては、木質材料の製造には用いられません。

　さらにはアメ色をした「合成ゴム系接着剤」などは建築現場での用途、たとえば、フローリングの接着などに用いられますが、木質材料そのものの製造にはほとんど用いられません。

❖木質材料用接着剤

　木質材料の製造用としてわが国で最も一般的に用いられてきたのが、「ユリア樹脂接着剤」です。ただし、構造用には使用できませんし、後述する「ホルムアルデヒド（ホルマリン）」を放出しやすいため、近年、使用量が減少しつつあります。

　この接着剤は価格が安く、無色で、作業性が良いため、かつては造作用の合板、

図 3・22　ユリア樹脂接着剤のスギ単板への塗布

パーティクルボードなどの製造に広く用いられてきました。ただし、高温高湿の条件下では加水分解が生じやすく、耐水性はそれほど高くありません。また硬化時に収縮しやすいために微小なクラックがはいりやすく、用途は造作や化粧用に限られます。

　この接着剤の最大の問題点は、刺激臭のあるホルムアルデヒド（ホルマリン）を硬化後も放出しやすいことです。密閉された室内の環境問題が騒がれる以前は、接着性能の向上のためにユリア樹脂が反応できる以上のホルマリンを加えたりしていたため、それが遊離して外部に放散しやすくなっていましたが、最近では接着性能の低下をできるだけ抑えながらホルマリンの量を少なくする技術が開発されるようになりました。また、ホルマリンキャッチャーと呼ばれる吸収剤を用いて、放散量を抑える方法も採用されています。

　ユリア樹脂接着剤と同じくアミノ樹脂系の接着剤で、ユリアよりも高い耐水性や耐熱性を持っているのが「メラミン樹脂接着剤」です。ただ、比較的高価で、取り扱いが難しいので、ユリア樹脂と混合した「ユリア・メラミン共縮合樹脂接着剤」として、耐水性の必要な合板などに使われています。

　高い耐候性、耐水性、耐久性を必要とする構造用の木質材料に用いられるのが「フェノール樹脂接着剤」です。いくつかの種類がありますが、木質材料の製造には、熱圧が必要なタイプが用いられます。この接着剤は構造用合板や構造用 LVL、さらにはパララムなどの EW に用いられています。色が褐色で接着層が目立つため、そのことでかつては不評を買っていたこともありましたが、ここまで構造用木質材料が普及してくると、さすがに色に関しては違和感がなくなっています。

　フェノールはユリアやユリア・メラミンに比べるとはるかに高い耐水性や耐久性をもっていますが、比較的、高価であることが欠点といえます。また、硬化には高熱が必要なため、パンク（圧縮時に発生した水蒸気が逃げ場を失って製品を破壊してしまうこと）が生じやすくなります。これを防ぐため、合板や OSB の製造の際にはエレメントの含水率を低くしておく必要があります。ホルマリンに関しては、ユリアやユリア・メラミンとは異なり、いったん硬化してしまうと化学的に安定した状態となるため、時間の経過とともに少しずつ遊離してくるようなことがほとんどありません。

　フェノール樹脂接着剤と同等の高い耐水性や耐久性を持ちながら、室温で硬化するのが「レゾルシノール樹脂接着剤」です。構造用集成材のように大きな断面

図3・23　高周波により高速接着された後、養生される中断面集成材
接着剤はレゾルシノール樹脂接着剤：濃い色が付くことがよくわかる。

をもつ材料では硬化のための熱を外部から与えることが難しいので、この接着剤が好んで用いられます。ただし、常温で硬化するには1昼夜程度の時間が必要です。もちろん、高周波などによって何らかの形で外部から熱を加えれば、硬化時間は短縮されます。レゾルシノールはフェノール同様に褐色の色がつくこと、さらに高価であることが欠点といえば欠点といえるでしょう。ホルマリンに関してはフェノールと同様、いったん硬化してしまうと、ほとんど問題になることはありません。

　上で紹介したユリア、ユリア・メラミン、フェノール、レゾルシノールは、いずれも分子が結合して高分子になるときに、ホルマリンが分子と分子の中間に入って付加縮合するので、ホルムアルデヒド系接着剤と呼ばれています。ただ、先にも述べたように前二者と後二者では化学的な安定性が異なるので、ホルマリンの放散しにくさが異なるわけです。

　ホルマリンをまったく使わないという特徴をもつために、近年、大量に使われるようになってきたのが、「水性高分子－イソシアネート系接着剤（通称：水性ビニルウレタン接着剤、水ビ）」です。また、この接着剤はレゾルシノールと同様に常温で硬化し、さらに硬化時間が30分程度と非常に短いため、生産効率を上げるのにはうってつけです。

　たとえば、集成材の業界では、1990年代の半ばにこの接着剤の導入が認可され、構造用集成材の生産効率が飛躍的に向上しました。ただし、レゾルシノールに比べると若干、耐候性に劣るところがあるので、今のところ大断面構造用集成材や

屋外用の構造用集成材には使えません（**30** 節、☞ p.190）。

　以上で述べた以外にも、構造用ボードの製造に用いられるポリメリック MDI（Polymeric Methylene Diphenyl Diisocyanate）や CLT の製造に欧米で用いられている 1 液製のポリウレタン等の非ホルマリン系木材用接着剤がいくつかありますが、今のところ量的にはわずかしか使われていません。また、最近の環境ブームを反映してか、カゼインやマンナンといった天然系の接着剤が、造作用として再び注目されるようになってきています。

　表 3・2 に木材用接着剤の特性を一覧表にして示します。○ × △の評価はあくまでも筆者の独断です。

　なお、建築基準法では内装仕上げ材に関して表 3・3 のような制限が設けられています。構造用では放散量の少ないフェノール、レゾルシノール、水性高分子イソシアネート系が使われますし、実態として F ☆☆の製品は市販されていません。

表 3・2　木材用接着剤の特性

名称	通称（俗称）	色	耐水性	耐久性	使用性	ホルマリン
ユリア（尿素）樹脂接着剤	ユリア	乳白色	△	×	○	×
メラミン樹脂接着剤	メラミン	透明	○	○	○	×
フェノール樹脂接着剤	フェノール	褐色	○	○	△	△
レゾルシノール樹脂接着剤	レゾ	褐色	○	○	△	△
水性高分子-イソシアネート系接着剤	水性ビニルウレタン	乳白色	○	○	○	○
酢酸ビニル樹脂エマルジョン接着剤	木工用ボンド	乳白色	×	×	○	○
エポキシ樹脂接着剤	エポキシ	種々	○	○	×	○
α－シアノアクリレート系接着剤	瞬間接着剤	透明	○	○	△	○
合成ゴム系接着剤	ゴム糊	あめ色	○	△	△	○

表 3・3　内装仕上げ材料に関する制限

建築材料の区分	ホルムアルデヒドの放散速度	表示記号	内装仕上げの制限
建築基準法の規制対象外	$5\,\mu g/m^2h$ 以下	F ☆☆☆☆	制限なし
第 3 種ホルムアルデヒド発散建築材料	$5 \sim 20\,\mu g/m^2h$ 以下	F ☆☆☆	使用面積の制限
第 2 種ホルムアルデヒド発散建築材料	$20 \sim 120\,\mu g/m^2h$ 以下	F ☆☆	使用面積の制限
第 1 種ホルムアルデヒド発散建築材料	$120\,\mu g/m^2h$ 超	表示なし	使用禁止

※ 1：$1\,\mu g$（マイクログラム）：100 万分の 1g の重さ。　放散速度 $1\,\mu g/m^2h$ は建材 $1m^2$ につき 1 時間当たり $1\,\mu g$ の化学物質が発散されることをいいます。
※ 2：建築物の部分に使用して 5 年経過したものについては、制限なし。

22 接着の技術

　木材の接着は、金属の接着に比べれば比較的容易ですが、それでも強度に影響を及ぼす因子がいくつかあります。本節では、接着強度とこれら因子との関係について解説しますが、前節同様に、建築系の教育機関では、接着や接着剤について教えることはほとんどありませんので、少し詳しく解説します。

❖木材の密度

　一般に木材の密度と接着強度には次のような関係があります。まず、接着のしやすさという点では、密度の低い木材ほど接着が容易です。しかし、いったん接着されると密度の高い木材ほど接着力は高く、木材の密度と接着強度との間には正の相関があります。

　接着接合部が破壊したときに、破壊面積の中に占める木材の破壊面積を「木破率」といいます。接着が十分なものであれば、接着層やその界面で破壊が生じるのではなく木材そのものが破壊することになります。つまり木破率が100%となります。

　以上は一般的な環境条件下における木材接着の定性的な性質ですが、乾湿が繰り返されるような環境条件下では、木材の密度が高いほど含水率変化による膨潤収縮量が大きくなりますので、接着層に生じるダメージも大きくなります。

❖樹種と化学成分

　構造用集成材に用いられるような針葉樹では、樹種の化学成分に由来する接着不良が生じることはほとんどありません。他方、南洋産の樹種では化学成分（油脂成分やろう成分など）によって接着が困難になる場合があります。また樹種によっては、アピトン（あるいはクルイン）のように接着剤の浸透性が良すぎて接着層の形成が妨げられることもあります。このような場合には、接着剤の量を増やすことによって接着性を改善する必要があります。

❖含水率

　生材のような湿潤状態の木材であっても、ポリウレタン樹脂接着剤などを使えば接着することは可能です。しかし、たとえ接着できたとしても、乾燥するときには木材に大きな変形が生じますので、特殊な用途（短尺丸太のたて継ぎなど）を除いては、生材の接着は勧められません。

　一般的な木材接着では、気乾含水率以下の条件で接着します。熱圧では前節で説明したようにパンクが生じやすいので、10％以下に含水率を落としてから接着するのが普通です。また、フェノール樹脂接着剤のように硬化に高温を必要とする場合には、含水率を5％程度にまで下げます。

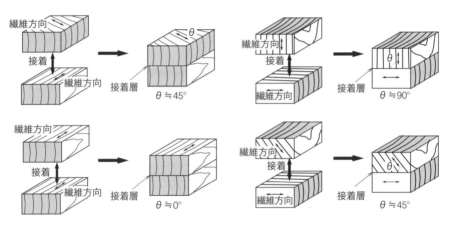

図3・24　接着面と繊維方向接合の角度
左：接着層と繊維走向が平行な場合、右：接着層と繊維走向が角度をなす場合

❖繊維の走向

　これまでに何度も述べましたが、木材は直交異方性材料です。この異方性は接着の強度特性にも大きく影響を及ぼすので、接着される面と繊維の角度によって接着強度は変化します。

　接着層と繊維走向が平行な場合、被着材2材の繊維走向がつくる角度が0度のときに強度が一番高く、直交するときにはその1/3程度になります。

　接着層と繊維走向に角度がある場合、つまり接着する面が「柾目＋柾目」「柾目＋木口」のような場合では、「木口＋木口」の組み合わせが最低の強度値となります。

木口面の同士の接着では面が多孔性ですから、接着の有効面積が少なく、また接着剤が浸透しすぎて接着層が形成されにくくなります。このため木口接着は強度がほとんど期待できません。次の **23** 節で説明するように、たて継ぎの手法（フィンガージョイントやスカーフジョイント）が開発されてきたのは、このように木口面同士では、十分な接着ができなかったためです。

❖材面の粗さ

木材の材面粗さといわれるものには、厚さムラに属するような大きな凸凹面と、面の微視的な凸凹に属するものがあります。大きな凸凹がある場合、薄い接着層を形成させるためには高い圧縮圧力を必要とします。また、必然的に接着層は厚くなります。したがって、空隙を充填できるような特性を持った接着剤でないと、接着性能は低下することになります。この傾向は、高密度材の場合に、特に著しくなります。

理論から考えると、木材の表面は平滑であればあるほど、接着にとって都合が良いことになりますが、一般的にはプレーナー（回転かんな）の切削面程度の平滑さがあれば十分です。

❖接着剤の調合

木材用接着剤では、酢酸ビニル樹脂接着剤のように１液性でそのまま使えるような場合を除いて、主剤に、充填剤、硬化剤、増量剤、添加物、水などを混合して用いるのが一般的です。混合にはミキサー等が使われますが、接着剤によっては特殊な器具を用いる場合もあります。混合割合や混合する順序はメーカーの指定に従わなければなりません。また、同じ接着剤でも夏期用と冬期用とに分けられているものがありますが、どちらにしても、作業時の気温には注意が必要です。

❖接着剤の塗布

パーティクルボードやファイバーボードなどではエレメントに対して接着剤が噴霧されますが、ラミナやベニアでは塗布されるのが一般的です。塗布には被着面の一方だけに塗布する「片面塗布」と両面に塗布する「両面塗布」とがあります。基本的には両面塗布が望ましいのですが、流れ落ちる接着剤の間を被着材が通っていくカーテンコーターのように片面塗布しかできない場合もあります。い

図3・25　グルースプレッダー（接着剤の塗布機）

ずれの場合であっても、指定された量を均等に塗布することが重要です。塗布量は接着剤の種類、被着材によって当然異なります。先に述べたように、材面が粗いほど多くの塗布量が必要です。

❖堆積と圧縮

　接着剤を塗布した後で、圧縮するまでそのまま放置することを堆積といいます。堆積させておく時間と方法（開放しておく場合と閉鎖しておく場合）は接着剤によって異なります。いずれにしても、この時間内に接着剤の揮発成分が拡散・浸透し、接着剤の硬化が進行します。

　圧締は被着材と接着剤を密着させて、均質で連続した接着層を形成するための工程です。すでに述べましたが、圧締時に熱を作用させる「熱圧」と、常温で圧締を行なう「冷圧」とがあります。

　熱圧にはいくつかの方法がありますが、木質材料の製造においてはプレスの表面から熱を伝導させる方法と、高周波やマイクロ波を利用して内部から熱を与える方法が一般に用いられます。

　圧締では、適正な圧力を均等に加えるようにすることが特に重要です。必要以上に大きな圧力は、材の変形や欠膠（接着剤が一部分無くなってしまうこと）を生じさせて、接着不良の原因となってしまいます。また、必要以下の圧力では接着層が厚くなりすぎたり、接着層に気泡が生じたりしますので、これもまた接着不良の原因となります。

　集成材やLVLにおける適正圧力は、針葉樹の場合は5〜10kgf/cm²、密度の高

図3·26 大断面湾曲集成材の圧締（写真提供：齋藤木材工業）

い広葉樹では 10 〜 15kgf/cm² 程度です。圧締時間は接着剤の種類と圧締の方法によって異なりますが、一般的に温度が高いほうが硬化までの時間が短くなります。

❖養生

　加圧が終わった後でも、硬化は進行していますので、解圧後には養生が必要です。とくに熱圧の場合には材料中の水分むらが生じていますので、これを均等にするためにも養生が必要です。

23 たて継ぎ

❖たて継ぎの種類

　部材同士を繊維方向（長さ方向）に継ぐことをたて継ぎといいます。図3・27のAやBのように、指と指とが組み合わさったような形の接着継手が、フィンガージョイントです。フィンガージョイントすることには、短い材料の長さを長くするという意味と、節や目切れのような欠点を除去して強度を向上させるという二つの意味があります。

　すでに前節で説明したように、木材接着の強さは接合面によってまったく異なっていて、図3・27のCのような木口面同士の突き付け（バットジョイント）では、接着の強度はほとんど期待できません。

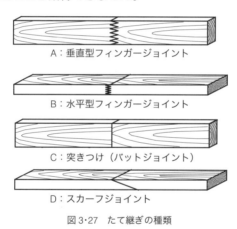

A：垂直型フィンガージョイント

B：水平型フィンガージョイント

C：突きつけ（バットジョイント）

D：スカーフジョイント

図3·27　たて継ぎの種類

❖スカーフジョイント

　このため、材の先端を斜めに切って接着面積を大きくし、木口の影響を少なくしたスカーフジョイント（図3・27のD）が考案されました。針葉樹の場合、材の厚さ（t）とジョイント部の長さ（ℓ）の比が $1/10 \sim 1/12$ 以上になると、何も継手のない材と同等の強度になります。このため、かつて大断面構造用集成材の製造にはスカーフジョイントが使われていました。

　しかし、スカーフジョイントには製造技術上の大きな問題がありました。図3・

28からわかるように、大きな部分を切り捨ててしまうので、材料の歩止りが非常に低かったのです。

　そこで、接着面積は同じままで、切削部分を少なくする方法が考案され、これが進化・発展してフィンガージョイントとなったわけです（図3・29）。接着層の長さがほぼ同じなのに、切り捨てる部分が非常に少なくなっていることがこの図からおわかりいただけるでしょう。

　もう一つ、スカーフジョイントには接着剤が完全に硬化するまで、圧縮し続けなければならないという大問題がありました。これは硬化に要する時間（レゾルシノール樹脂接着剤なら1昼夜）を考えると、非常に大きな製造工程上のネックでした。

　これに対して、フィンガージョイントでは、接着剤を塗布した後に、材の両端

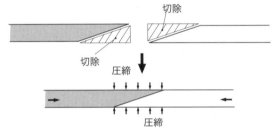

図3・28　スカーフジョイントの作成

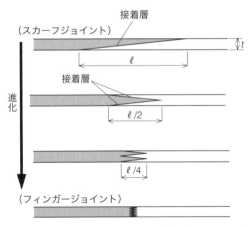

図3・29　スカーフジョイントからフィンガージョイントへの進化

から圧縮力をかけて押し込んでおけば、フィンガー同士が互いにくさびのように
なり、材がしっかりと固定されます。このため、接着剤が完全に硬化するのを待
たずに、次の製造工程に移ることができるようになりました。この結果、集成材
の製造効率が格段に向上したわけです。

❖フィンガージョイント

　現在では、集成材のラミナだけではなく、フローリングや家具など、短材と短
材をたて継ぎする場合や、節や割れ等の欠点を除去する場合には、必ずといって
いいほどフィンガージョイントが使われています。古い建築材料の教科書やそれ
を引用した新しい教科書には、もはやまったく使われないようなたて継ぎの例が
示されていることがあります。たとえば「フックドスカーフ」などがそれです。

　フィンガージョイントは、加工の方向によって垂直型（図3・27のA）と水平
型（図3・27のB）の2種類に分類されます。両者の得失は様々ですが、水平型
では刃物の数が少なくてもよいことやジョイント部が目立ちにくいことが、一方、
垂直型では強度的な信頼性が高いことや歩止りが高いことなどが利点としてあげ
られます。ただし、一般的に利用するぶんには、両者の差を気にする必要はあり
ません。

　構造用のフィンガージョイントではフィンガーの先端（根元）にわずかな隙間
ができて、そこに接着剤がたまっているようにみえます（図3・30）。なにか欠点
のようにも思われがちですが、実はこの隙間は工程上、非常に重要なものです。
もし隙間がないと、縦方向に圧縮圧力をかけた時、接着層に十分な圧縮圧が作用

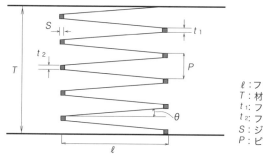

ℓ：フィンガーの長さ
T：材の厚さまたは幅
t₁：フィンガーの先端の幅
t₂：フィンガーの底部の幅
S：ジョイントスペース
P：ピッチ

図3・30　フィンガージョイントの要素

図 3·31　構造用フィンガーカッターのセッティングとたて継ぎラミナのフィンガー形状
カッターの種類によって微妙に形状が異なる。

図 3·32　たて継ぎラミナの引張プルーフローダー
黒い色の部分が FJ、接着剤はレゾルシノール樹脂接着剤。

しません。またフィンガーの根元にクラックが生じやすくなります。もちろん、強度的な性能が重視されない造作用では、このような隙間は小さいほうがいいので、できるだけ目立たないほうが好まれます。

　わが国では、美観を要求される造作用や家具材等には、長さが短くて見栄えの良いミニフィンガージョイント（長さ 8 〜 12mm 程度）が、逆に美観よりも強度を要求される構造用には、長さ 12 〜 20mm 程度のフィンガーが一般に用いられています。さらに最近では、長さ 6mm 以下のマイクロフィンガージョイントも登

場してきました。切削抵抗が小さいため消費電力が小さくてすむことが特徴です。

　一般的な傾向としてフィンガージョイントの強度はフィンガーが長いほど高くなりますが、製品の歩止りは逆に低下します。フィンガージョイントされた材の強度の平均値は、継ぎ目のない材の60～80％程度に低下します。ただし、針葉樹の場合には強度のバラツキも減少しますので、いわゆる5％下限値（ **14** 節☞ p.115）は低下しないことが多いようです。

　また、図3・32に示したようなプルーフローダーを通せば、**15** 節（☞ p.119）で簡単に説明したように、接着不良の製品が排除され、製品の構造信頼性が向上します。

　フィンガージョイントの接着剤には製品の用途によって様々な性能のものが用いられます。一般に、構造用にはレゾルシノール樹脂が、造作用にはユリア樹脂や水性高分子イソシアネート樹脂等が用いられています。なお、片側の材に主剤、もう一方の材に硬化剤を塗って、両材が噛み合わさってはじめて硬化が開始するという2液分離のハネムーンタイプ接着剤も、接着剤の管理が容易であるため、使用されることがあります。

[24] 配向

　「配向」とは木質材料を製造する際に、強度を高めることを目的として、エレメントの繊維方向をそろえて並べることをいいます。OSB（Oriented Strand Board）やOSL（Oriented Strand Lumber）の「oriented」とは「配向された」という意味です。

　1章で詳しく説明したように、木材は異方性材料であり、繊維方向の強度性能が最も高く、半径方向、接線方向の順に強度が低くなります。また、水分の吸放湿に伴う膨潤収縮もまったくこれと同じ順に大きくなります。

　製材を幅広の板のままで使うとこのような異方性が災いして、含水率変化によるくるいが生じやすくなります。このため、合板では単板を奇数枚、直交積層してこのようなくるいを防いでいます。エレメントを配向せずにランダムに配置して製造するパーティクルボードやファイバーボードなどでは、面内の異方性は当然小さくなります。一時期、これらのボード系材料では異方性が小さいことを売り物にしていた時代がありました。

　ボード系の材料が主に造作用として利用されている間は、そのような異方性の小ささが特徴でもあったのですが、構造的な利用では、異方性を利用しない限り強度の向上が困難であるということが明らかになってきました。そこで、人為的に異方性を作るという配向の技術が重要視されるようになったのです。

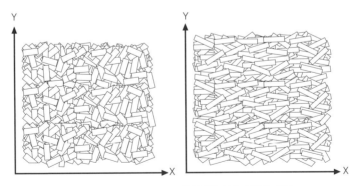

図3・33　ストランドのランダム配列（左）と配向（右）

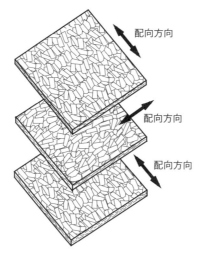

配向方向

配向方向

配向方向

図3・34　3層構成 OSB におけるストランドの配向

　OSB では、高い曲げ強度を得るために表層ではエレメントが長さ方向に配向され、一方、内層では幅方向の寸法安定性を得るために表層と直交方向にエレメントが配向されています。OSB のプロトタイプともいうべきウェファーボードでは、エレメントが配向されていなかったので、構造用としての強度が不足していました。このため、表層のエレメントが配向された OSB に市場から実質的に駆逐されてしまったのです。

　エレメントが比較的大きくてかつ細長比（長さと幅の比）が大きい場合、単に一方向に並べることはそれほど困難ではありません。たとえば箸やストローを束ねることは簡単です。しかし、エレメントの端部が一個所にかたまって配置されると、強度的な欠点になってしまうので、端部を分散して配置させなければなりません。これがなかなか難しいことは簡単におわかりいただけるでしょう。一方、エレメントが小さい OSB のような場合は、特殊な配向装置が必要となりますが、端部の分散に関しては、特に考慮する必要がありません。

　OSB の製造工程では、オリエンターと呼ばれる特殊な配向装置が用いられます。これは、一定の間隔で平行に多数配置されたブレードやディスクを、振動、交互運動、または回転させるものです。その上部からストランドを落下させ、ストランドがブレードやディスクの間隙を通過する間に、ストランドの方向を機械的に

そろえるわけです。

OSBの原料には北米産のアスペン（広葉樹）を用いたものと、欧州アカマツを用いたものがありますが、図3・35のようにアスペンを用いたものでは配向がそれほどはっきりしない製品も見受けられます。

さて、このような配向の技術を利用して、ストランドを配向・積層加工し、集成材やLVLのような軸材料に加工したものがPSLやOSLです（図3・36）。なお、軸材料では幅が狭いので横方向（幅方向）の寸法安定性はあまり考慮する必要がありません。したがって、OSLではOSBのようにエレメントを直交配向させる必要はなくて、一方向に並べるだけです（詳細は **32** 節 （☞ p.201））。

図3・35　OSB（原料は北米産のアスペン）

図3・36　PSLとOSL（商品名LSL）

25 積層接着の力学的意味

❖エレメントの一体化

ラミナを積層接着して集成材を製造する場合、寸法を大きくすることがその主な目的と考えられがちですが、それだけではなく、接着によりラミナを一体化し、曲げの強度性能を大幅に改善させることも目的の一つです。

図3・37は、ラミナを重ねた梁と各種集成材の応力およびひずみ分布を、それぞれ比較したものです。

(1)はラミナを単に重ねただけの「重ね梁」、(2)はラミナ間のすべりを小さくするために釘で留め付けた「釘着梁」、(3)は「同等級構成の集成材」、(4)は「異等級構成の集成材」、(5)は最外層にヤング率の高い構造用 LVL を積層した「異材料複

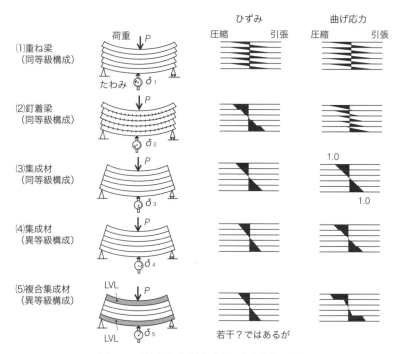

図3·37　重ね梁と集成材における応力状態の比較
（藤井　毅：AWCOM No. 14、1975 の図に一部追加）

合集成材」です。

　図から明らかなように、(1)では各ラミナの間にせん断（滑り）を拘束するものがありませんので、必然的にたわみは大きくなります。また各ラミナに生じる最大応力も高くなるので、強度も低いままです。

　(2)では釘によってせん断変形が若干拘束されるので、たわみも若干小さくなります。

　これに対して(3)のように接着積層した集成材では、ラミナが一体となり、せん断力が接着層を通して伝わりますので、たわみが大きく減少します。言い換えると、断面が一体化して曲げにくさの数値である「曲げ剛性」が増加するので、たわみが大きく減少します。

　さらに(4)の異等級構成集成材では、相対的にひずみの大きな外層にヤング率の高いラミナが配置されているので、曲げの剛性がより一層増加し、たわみがさらに小さく、また強度もさらに大きくなります。

　ただ、(5)のように外層と内層のヤング率に極端な差ができる複合集成材（たとえば外層にベイマツのLVL、内層にスギのラミナを使った場合）では、外層のLVLに負担がかかりすぎるので、たわみは少なくなるものの、強度はそれほど高くはなりません。特性の異なるラミナを複合する場合、ヤング率と強度のバランスが重要です。

❖積層効果

　積層接着の利点として、「積層効果」による強度のバラツキの減少があげられます。積層効果とは、たとえバラツキのある原材料であっても、それを何枚か積層接着して一体化すると、出来上がった製品の強度のバラツキは原材料のそれより小さくなる現象のことを言います。

　たとえば、寸法が同じで密度が $0.40g/cm^3$ のひき板（ラミナという）と $0.50g/cm^3$ のラミナを積層接着して2枚あわせの集成材にすると、この製品の密度は $0.45g/cm^3$ となります（ただし、接着層の重さは無視）。つまり、製品の密度は2枚の原料の平均値になるわけです。

　同じように、引張強度が $500kgf/cm^2$ のラミナと $1,000kgf/cm^2$ のラミナ（ただし、節などの欠点があまり多くないもの）を積層接着して2枚あわせの集成材にしたとすると、この製品の引張強度は、密度ほど単純ではないにしても、$500kgf/cm^2$ よ

りは高く 1,000kgf/cm² よりは低くなると考えられます。この場合、強いほうが弱いほうを補強している、あるいは弱いほうが強いほうの足を引っぱっていると考えることができます。

　いずれにしても、エレメントの特性がたとえ非常にバラツキの大きいものであっても、そのなかから任意に取り出されたもの同士を積層接着すれば、出来上がった製品の特性は平均化され、そのバラツキは原料エレメントのそれよりも小さくなります。また、積層する数が多ければ多いほど、製品の特性が平均値に近づくためにバラツキはより小さくなります。このような効果が「積層効果」です。

　当然のことですが、積層効果はすべての物理特性や強度について観察されるわけではありません。たとえばラミナそのもののブロックせん断強度は、積層数がいくら増えても変わりようがありません。

　一般に、積層効果の程度は原料と構成内容によって異なるので、その定量化にはモンテカルロ法のような数値シミュレーションが必要になります。ただし、先に説明した集成材の密度のように単純な原理が働く場合には、次のような簡単な関係が成り立ちます。

　積層数（n）が増えるほど、積層材の特性のバラツキは減少し、その標準偏差（バラツキの指標：**11** 節☞ p.97）は原料の $1/\sqrt{n}$ になります。たとえば、積層数を 4 枚にすればバラツキが元の 1/2 に、積層数を 9 枚にすればバラツキが 1/3

図 3・38　東大寺大仏殿の合わせ柱（当然ながら接着されていない）
（写真提供：㈶文化財建築物保存技術協会）

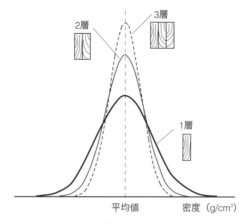

図3・39 積層効果によるバラツキの減少

に減少することになります。

　図3・39は上で述べた関係を図に示したものです。図中の太い実線（1層）が原料ラミナの密度の分布曲線です。細い実線（2層）がこのラミナを2枚積層した集成材の、同様に細い破線（3層）が3枚積層した集成材の密度の分布を示しています。

　先に示した関係から明らかなように、積層数 n が多ければ多いほど、確率分布の形態が先鋭になって、バラツキが減少することがよくわかります。

　この例では、原料を等級区分せず、そのままランダムに積層すると仮定していますが、もし3種類程度の等級に区分し、それを適切に組み合わせて積層すればさらにバラツキの少ない製品を製造することも可能です。

　なお、誤解されることが多いので付け加えておくと、**12** 節（☞ p.101）で述べた「寸法効果」と「積層効果」はまったく別の現象です。寸法効果は寸法が大きくなるほど、含まれる欠点の量が多くなるので、破壊の確率が高くなり、その結果、強度が低下する現象です。一方、積層効果は積層数が多くなるほどバラツキが少なくなる現象で、これは強度だけに限った話ではなく、密度やヤング率など様々な特性についても観察される現象です。もちろん、積層数が増えるほど寸法が大きくなるので、実大の積層材料の強度に関しては二つの効果が共存することになります。

❖積層接着による変形の抑制

これまでに述べてきたように、積層接着することの意味は、エレメントをまとめて結合し寸法を大きくすること、強度特性を向上させること、バラツキを減少させることですが、さらにもう一つの意味として、膨潤収縮による木材の変形を抑制することがあげられます。

図3・40は変形抑制の原理を模式的に表したものです。単に重ね合わせただけでは、乾燥による変形を阻止できないのに対して、接着しておくと明らかに変形が抑制されます。ただ逆に、接着層には変形を押しとどめようとするための内部応力が作用することになります。接着層の強度よりも変形によって生じる応力のほうが高くなれば、当然そこで接着層が破壊されることになります。また接着層が破壊しなくても界面付近の木材が破壊してしまうこともあります。

したがって、接着層にできるだけ内部応力が発生しないように、ラミナの断面構成には注意を払う必要があります。すべてのラミナの木裏と木表の方向を一致させると狂いやすくなるのは当然です。このため、くるいを嫌う化粧用集成材や表面に化粧単板を貼る集成材では、積層するときに、ラミナの上下面に注意して木表側と木裏側のバランスがとれるように配置することがあります（図3・41の左）。もちろん、積層数が多ければ多いほど、変形の抑制にとっては有利になるわけです（図3・41）。

集成材の場合、膨潤収縮による変形といっても、各ラミナの膨潤収縮率にはそれほど大きな差がないので、極端な変形は生じません。しかし、被着材の膨潤収縮率が大きく異なる場合、たとえば2枚の板を直交方向に積層するような場合に

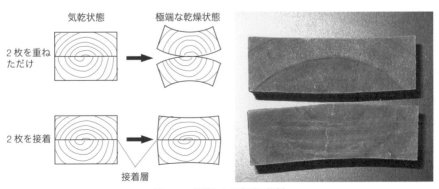

図3・40　接着による変形の抑制

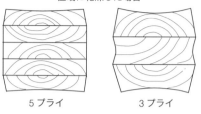

極端に乾燥した場合

5プライ　　　　　　3プライ

図3・41　集成材の積層数と変形のしやすさ

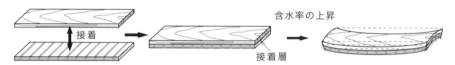

図3・42　直交させて接着した板の膨潤と変形

は、含水率の変化によって大きな変形が生じてしまいます。これを模式的に表したものが図3・42です。

　いま、上下の板の含水率が何らかの原因によって上昇したとします。当然、この板は膨潤しようとします。ところが、その膨潤の量には異方性があります。1章で説明したように、半径方向や接線方向の膨潤収縮率は繊維方向の10〜20倍もあるので、繊維方向の伸びは小さく、幅方向の伸びは大きいわけです。この結果、図に示すような大きな反りが生じてしまうのです。

　それではどうすれば、大きなくるいを防ぐことができるのでしょうか？

　答えは簡単です。上下の変形のバランスがとれるように、上か下にもう1枚板を直交方向に接着してやればよいのです。すると板のくるいは非常に小さくなります。

　この原理を寸法安定化に利用した典型例が合板です。合板の強度的な特徴はせん断強度が高いことですが、寸法安定性が高いことも普通の製材の板ではなかなか得られない特性です。この原理を模式的に表したものが図3・43です。

　いま、表層のベニア（単板）の含水率が何らかの原因によって上昇したとします。当然、このベニアは膨潤しようとします。もちろんベニアといっても木材ですから、上の板の場合と同様にその膨潤には異方性があります。ベニアが1枚だけなら幅方向に伸びて、それで変形はお終いということになりますが、隣接する

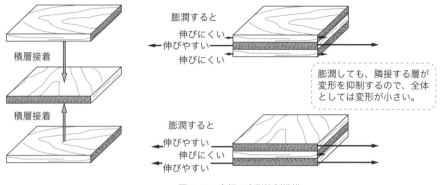

膨潤すると
伸びにくい
伸びやすい
伸びにくい

膨潤しても、隣接する層が
変形を抑制するので、全体
としては変形が小さい。

積層接着

積層接着

膨潤すると
伸びやすい
伸びにくい
伸びやすい

図3・43　合板の変形抑制機構

ベニアに接着されているのでそう簡単には伸びさせてもらえません。なぜなら、隣接するベニアの方向は軸方向なので、一緒に伸びてくれないからです。つまり、合板では隣接する合板同士が互いに変形を阻止し合っているのです。もちろん、先の場合のように2枚を貼り合わせただけでは板そのものが反り返ってしまうので、必ず上下でバランスがとれるように、3枚あるいは奇数枚積層されていなければなりません。

　これが、合板の積層数が奇数枚であることの理由です。「奇数枚なら、心板の裏表に接着剤を1回塗布するだけよく、工程が楽になるから」などというのは、結果的にそうなっているだけであって、合板の積層数が奇数枚であることの本質的な理由ではありません。

図3・44　収縮応力による接着層付近の破壊
ナラ（上下の表層）とスギ（芯層）を接着したところ、収縮率の差が大きすぎて接着層付近が破壊してしまった。

このようにベニアを直交積層するということには、せん断強度の向上だけではなく、変形を抑制し寸法安定性を向上させるという意味があります。ただ、集成材の場合と同様に、「寸法安定性がよい」ということは、含水率の変化によって接着層に大きな内部応力が発生するということでもあります。ユリア樹脂接着剤のように弱い接着層しか持たない造作用の合板を温湿度変化の激しい場所で使うと簡単に剥がれてしまうのはこのためです。また、軽い針葉樹と重い広葉樹を接着するような場合も、膨潤収縮率に極端な差ができてしまうことが多いので、接着層付近が破壊しやすくなります（図3・44）。

　なお、合板のみならず、4章に出てくる LVL（ **31** 節、☞ p.196）や CLT（ **36** 節、☞ p.215）で断面構成が厚さ方向に上下対称となっている理由は、以上で述べてきた寸法安定性の向上原理によって説明されます。

26 難燃化処理

　様々な中大規模木造建築が現実のものとなるなかで、木材の難燃化処理と構造部材に何らかの処理を施し耐火性能を向上させた「耐火構造部材」が一躍注目を浴びるようになってきました。本節では、これらについて簡単に説明します。

❖防火材料の種類と処理の方法

　いわゆる「防火材料」には、「不燃材料」、「準不燃材料」、「難燃材料」の3種類があります。

　コーンカロリーメーターという試験機（図3・45）を用いて燃焼試験を行い、試験開始から20分、10分、5分の間に、①燃焼しない、②防火上有害な変形、溶融、亀裂その他の損傷を生じない、③避難上有害な煙またはガスを発生しない、という状態であれば、それぞれ順に不燃材料、準不燃、難燃材料と判断されます。

　難燃化処理では、薬剤を注入管の中で、減・加圧させながら木材中に注入することが多いのですが、使用する薬剤は油性や油溶性ではなくて、ほとんどが水溶性です。とはいえ、注入が格段に容易なわけではありません。また、むら無く木材中に拡散させる必要があります。この対策の一つとして、レーザーで木材に微細な穴を開け、浸透性を改善させる「レーザーインサイジング」という技術が開

図3・45　コーンカロリーメーター

図3・46　レーザーインサイジングされた木材

図3・47　難燃化木材の利用例
左：秋田県立大学木材高度加工研究所のラウンジの壁
右：京阪中之島線中之島駅の地下

発されています（図3・46）。深いところまで一瞬で穴が開くことがおわかりいただけると思います。

❖薬剤の種類と難燃化のメカニズム

　難燃化処理に用いられる薬剤には、ホウ素系、リン酸系、ハロゲン系の3種類がありますが、そのメカニズムは様々で、添加される成分によっても作用が異なります。例えば、リン酸アンモニウムは低温度からセルロースを分解し、水素を水に変化させることによって、水の蒸発熱で熱を奪う効果を生み出します。また、ハロゲンは木材の熱分解を停止させ、さらに可燃性ガスを燃えにくくさせます。

　ともあれ、難燃化処理の分野では、より安価で高性能な薬剤を追求するための様々な研究開発が続けられています。なお、「薬剤が木材中から析出し表面が白くなる白華現象（図3・48)」を抑止することも大きな課題です。

❖木質耐火構造部材

　2000年に建築基準法が性能規定化され、従来は不燃材料でしか成立しなかった耐火建築が、木造でも可能になりました。ただ、耐火建築については、火災終了後に建物が崩壊せず、自然に鎮火することが必要とされています。このため、木造の場合には、火災が起こっても構造体に延焼しない、もしくは構造体が燃焼し

図3・48 難燃化木材の白華現象

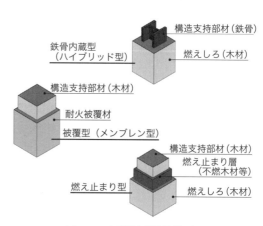

図3・49 木質耐火構造部材の種類
（秋田県立大学　板垣直行教授作成）

ても必要耐力を保持したまま燃え止まる性能を持つことを検証する必要があります。

　この性能を持ち、国土交通大臣の認定を取得している木質耐火構造部材には次の3種類があります（図3・49）。

　①木造の構造部材を不燃材等で被覆する被覆型（メンブレン型）

　②荷重を支える鋼材を木材で包む鉄骨内蔵型（ハイブリット型）

　③燃えしろ層による初期加熱の保護と燃え止まり層による燃焼停止により中心構造部材に燃焼が及ばないようにする燃え止まり型

　耐火構造部材の性能を評価するには、図3・50のような実大燃焼試験装置が用いられます。左から、①水平に梁や床を設置して、下から火であぶる水平炉、②壁を立て水平に火を浴びせる壁炉、③柱を中央に立てて四方から火を浴びせる柱炉です。いずれも試験体をセットした後、規定通りに温度を上昇させ、規定時間後に燃焼を停止して、最終的に燃え止まるかどうかを確認します。

　このような、開発、試験、性能認定を経て、初めて実際の建物に使用することが可能になります。図3・52は筆者らが開発した部材を用いた社会福祉施設の施工中および完成後の写真です。

図 3・50　実大耐火試験装置　左から、水平炉、壁炉、柱炉（秋田県立大学木材高度加工研究所）

図 3・51　燃焼実験
左から、柱炉に設置された試験体、燃焼中の柱、水平炉から取り出された燃え止まり型の梁試験体
（左 2 枚は秋田県立大学　板垣直行教授撮影）

図 3・52　木質耐火構造部材の応用例（右は設計集団 環（協）佐藤友一氏撮影）

4章
木質建材の強度特性

ここまでの章で、

①木質建材には造作用と構造用という区分があって、実際に使用するうえで、その区分が極めて重要な意味を持っていること

②構造用といっても、様々な種類の製品があって、用途によって使い分ける必要があること

③同じ種類の製品であっても、等級によって強度特性や材料強度が異なること

④ムクの製材品であっても、きちんと身体検査されているかどうかによって信頼性のレベルが変わってくること

⑤原材料の選び方とその加工方法が、製品の強度的な特性に大きく影響すること

などについて、説明してきました。

　本章では、様々な構造用木質建材の強度特性に関するもう少し具体的な説明、つまり、どのような製品が、どのような強度発現特性を持っているのか、また同じ種類の製品であっても、エレメントの種類や構成方法によってどれくらい強度特性が異なるのか、さらには実際にどのようなところに使われているのかということについて、詳細に解説します。

　なお、解説の内容は各木質建材の力学的な強度特性が中心ですが、製造方法についても少し詳しく触れてあります。

27 丸太

　立木状態での樹木を伐採し、枝などを取り払って、適当な長さに切断したものが丸太です。国産材の一般的な取引では、この丸太が原木市場に集積されて径級ごとに区分され、その後、製材工場などへ送られます。

　丸太の最大の特徴は、何といっても加工に要するエネルギーが少ないということです。また、製材と同様に再構成のための接着剤も不要です。したがって、二酸化炭素の固定という観点からすれば、丸太の利用は最も好ましい木材の利用方法といえるかもしれません。しかし、断面形状が一定でないこと、くるいや割れが発生しやすいこと、接合部の加工が難しいことなど、様々な品質管理上の困難さや利用上の制約からは逃れられません。

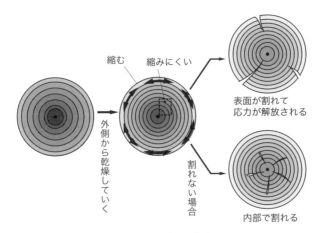

図4・1　丸太の割れの模式図

❖丸太の種類と利用方法

　丸太の種類としては、剥皮されてそのまま使われるものと、大径の社寺建築用材のように手加工されて円柱として使われるもの、さらには特殊な加工機械を用いて直径が均一になるよう加工されて、丸棒（円柱加工材）として使われるものとがあります。孔あけなどの様々な加工を施す場合には、断面形状の定まっている丸棒のほうが楽に取り扱えます。

丸太が何に適しているのかについては、径の大きさによって決まります。間伐小径材の場合、かつては仮設用の足場丸太や土木用の杭などが主要な用途でしたが、現在では園芸用の杭などの用途が主流です。また、近年、公共工事への木材利用が推進されており、たとえば治山治水工事やガードレールなどに小径丸太材が使われる例が増えています。

　小径丸太材の構造部材への応用としては、立体トラスの弦材があげられますが、古くから利用されているわりにはあまり適用例が増えていません。造作用としては、北山スギの磨き丸太のような銘木としての特殊な用途もあります。

　直径が 30cm 以下のいわゆるスギ並材は、特殊な形状の断面に加工されて、ロ

図 4・2　丸棒を用いた空間トラス

図 4・3　丸太を用いた休憩施設

図 4・4　土留め工事

グハウスによく使われます。伝統的な住宅構法を継承している地域では、曲がりの大きなマツの丸太を和小屋組の下弦材として利用する例もみられます。

　社寺建築の円柱は例外として、大径の丸太を柱や梁としてそのまま使うことは珍しかったのですが、近年、体育施設や屋外施設などの公共建築に使われる例も増えてきました。

　含水率が高い状態で使われる土木用材のような用途では、防腐処理が問題となるだけで、乾燥に対して特別に留意する必要はありませんが、建築用の構造部材として利用する場合には、当然くるいの除去と乾燥処理とが必要になります。また、強度計算などが必要な場合には1本1本の密度、含水率、ヤング係数などを測定してエンジニアード化しておかないと、強度的な信頼性に欠けることになります。

❖丸太の耐力システム

　図4・5に示すように、丸太はヤング係数の低い未成熟材をヤング係数の高い成熟材が周囲を取り囲むような形態になっており、曲げに関しては合理的な構造となっています。また下枝が枯れてその痕跡が樹体内に巻き込まれている場合、

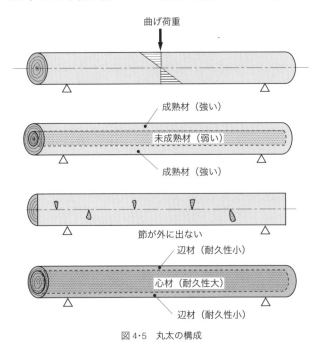

図4·5　丸太の構成

図 4・6　腐朽した丸棒

図 4・7　丸太を利用した屋内運動場
（大分県上津江村）

あるいは枝打ちがきちんと行なわれているような場合には、強度的な欠点となる節が材料の内部に隠されています。したがって、これもまた曲げや引張に対して抵抗力の高い構造になっています。さらに、丸棒加工せずに単に樹皮を除去しただけであれば、目切れが生じることがないので、実大材であっても引張、圧縮強度が大きく低下するということがありません。

　一方、耐久性の点では、腐りやすい辺材が外側にあり、腐りにくい心材が内部にあるので、外構用途に都合がよい構造ではありません。また、割れが生じやすいことも丸太の欠点です。もちろん、柱角などと同様に、背割りによる割れの防止は有効ですが、丸太の断面が大きい場合には、中心部の含水率が安定して、くるいが進行しなくなるのには長時間を要します。たとえば、ログハウスでは材の収縮にともなって壁全体の高さが下がってきますので、何年間にもわたって壁を上下から締め付けている通しボルトの増し締めが必要となります。

　丸太は、屋外使用における耐久性に関する問題はありますが、樹木の持つ合目的的な強度特性をそのまま受け継いでいるため、それだけで十分、合理的な強度発現機構を持っています。また、二酸化炭素を固定しておくための、いわゆるカーボンシンクとしては最適でしょう。

　このためもあってか、このところ土木分野では、地盤改良用の木杭や森林土木用の沈床など、温故知新的な利用分野における丸太の利用技術開発が活発になっています。

　今後より大量に、そしてより多くの場面で使えるような研究開発が進められることが期待されています。

28 製材

原木を剥皮し、帯鋸や丸鋸などで切断して形を整えたものが製材です。したがって、一口に製材といっても、非常に多くの種類があります。このため、本節では構造用材として一般に用いられる針葉樹の構造用製材（具体的にはスギ、ヒノキ、カラマツなどの柱や梁など）に話を限定します。

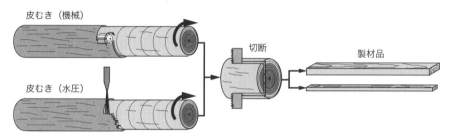

図4·8　製材の製造

❖針葉樹構造用製材の種類と基準強度

針葉樹構造用製材は、建築基準法の基準強度の分類で、①目視等級区分製材、②機械等級区分製材、③無等級材の３種類に区分されています。前二者は日本農林規格JASに準じて区分された製材であり、後者はまったく何の規格にもよらないものです。

本来なら何の保証もないものを構造用材として用いることには問題がありますが、勘と経験と度胸に裏付けされた木材の構造利用方法が存在する以上、③の無等級材を除外することは、今のところ無理なようです。

ただし、2010年10月に施行された「公共建築物等における木材の利用の促進に関する法律」では、構造用材に限ってですが、JAS製材の利用が義務づけられています。

上記３種類の製品の基準強度は樹種ごとに割り当てられていますが、すべての樹種に関して示すと無味乾燥な表の羅列になるので、ここではスギの値についてのみ示しておきます（表4・1）。

目視等級区分に示された甲種構造材とは高い曲げ性能を必要とするもので、梁

表 4·1　スギの基準強度値

樹種	区分	等級	基準強度（N/mm²）			
			Fc（圧縮）	Ft（引張）	Fb（曲げ）	Fs（せん断）
目視等級区分	甲種構造材	1級	21.6	16.2	27.0	1.8
		2級	20.4	15.6	25.8	
		3級	18.0	13.8	22.2	
	乙種構造材	1級	21.6	13.2	21.6	
		2級	20.4	12.6	20.4	
		3級	18.0	10.8	18.0	
機械等級区分		E50	19.2	14.4	24.0	1.8
		E70	23.4	17.4	29.4	
		E90	28.2	21.0	34.8	
		E110	32.4	24.6	40.8	
		E130	37.2	27.6	46.2	
		E150	41.4	31.2	51.6	
無等級材		なし	17.7	13.5	22.2	1.8

図 4·9　ヤング率、含水率、生産工場などが表示されたスギの製材

や桁などを対象とした製品です。一方、乙種構造材とは高い圧縮性能を必要とするもので、通し柱や床の束などを対象とした製品です。また、1、2、3 等級とは、欠点（節や割れなどの量を目視により評価したもの）による区分です。当然、1 級のほうが欠点が少なくてグレードが高いことになります。

　表の値からわかるように、無等級材では基準強度が他の2 種類の製材より低い値となっています。また目視等級区分では、たとえ1 級であっても、E70 の強度

等級区分材（スギの全国平均がおよそ E70）よりも低い値しか与えられていません。同じ1本のスギ製材でも、強度に関する品質管理のレベルが高くなることによって、信頼性の評価が高くなることが、これらの値からもよく理解できます。

　なお、当然のことながら、目視等級区分製材や無等級材では材のヤング率は不明です。

❖製材の耐力システム

　製材の耐力システムは、前章で述べたように木取りの方法によって材料内部の構造が変化しますので、丸太のように成熟材と未成熟材の関係だけで表されるほど単純ではありません。また、強度的に欠点となる節がいろいろな形態で材の表面にあらわれるので、その位置や形も無視できません。

　たとえば、梁に同じ径の節が一つあったとしても、それが材の中央にある場合と材の縁にある場合とでは強度が異なります（図4・10）。これまでに何度も説明してきたように、曲げの荷重を受けたときに応力が一番高くなるのは材の上下の縁ですから、材縁に節があるほうが曲げ強度が低くなります。また、圧縮側に節がある場合と引張側にある場合では、引張側にあるほうが割裂やせん断を誘発しやすいので、曲げ強度が低くなりがちです。

　さらに、ある範囲内に同じ体積の節が含まれていたとしても、大きな節が一つだけ存在する場合と、小さな節がかたまって存在する場合（集中節）とでは、特性が異なります。なぜなら、節を取り囲む繊維の流れ方が異なるからです。

　なお、節には「生き節」「死に節」「抜け節」の3種類がありますが、材の断面欠損を引き起こしているという点からみれば、強度的にはどれも大差がありません。

　製材では、このような節の他にも、割れ、目切れ、曲がりなどの欠点が目立って存在することもあります。実際には表面の割れがよく問題にされますが、3章の乾燥加工のところで述べたように、材を貫通していない材面割れは木材そのものの強度にはあまり影響しません。ただ、接合部に関しては背割りや大きな内部割れなどが強度を低下させる恐れがあるので、実際の使用にあたっては注意が必要です。

　いずれにしても、節そのものの複雑さと測定方法の不確かさが、目視等級区分材の基準強度を機械等級区分材より低くさせている原因の一つであるといえるでしょう。

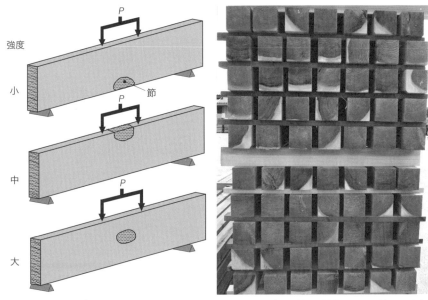

図4・10　節の位置による強度の変化　　図4・11　スギ大径材から製材された二方柾と四方柾

❖スギ大径材問題

　林業関係者にはよく知られた話題ですが、実はここ十年くらいの間に、スギの齢級*が大きくなるにつれて、末口径38cm以上のスギ大径材の価格が下落する傾向が顕著になってきました。最大の理由は18節で述べたツインバンドソーが中小径木向けであり、重くて径の大きな丸太が処理しきれないからです。

　もちろん、大径であれば図4・11のようなくるいの少ない二方柾や四方柾も採材することが可能です。ただ、強度面では、二方柾の場合、木表側と木裏側の強度特性が未成熟材や節の比率によって異なることが多いので、加力の向きによって強度特性が異なる可能性があります。心持ち材の正角のように加力の方向を無視することができません。残念ながら、今のところ、二方柾や四方柾のデータは非常に限られています。

＊齢級：林齢が1〜5年を1齢級、6から10年を2齢級と数える。41〜45年なら9齢級となる。

29 たて継ぎ材

❖たて継ぎ材の種類

　加工技術としての「たて継ぎ」については **23** 節（☞ p.157）ですでに述べたとおりです。「短材を長くする」ことと、「欠点を除去する」ことが、たて継ぎの技術上の目的です。このため、たて継ぎの技術は構造用のみならず、造作用にも広く応用されています。また、その方法としてはフィンガージョイントが一般的です。

　一般製品として「たて継ぎ材（フィンガージョイント材）」が流通しているのは、「枠組壁工法構造用たて継ぎ材」のみです。もちろん、構造用集成材用のひき板（ラミナ）としてたて継ぎ材は大量に使われていますが、これらはほとんどの場合、工場内部でクローズドな形で生産されるものであって、一般市場に流通するようなものではありません。

図 4・12　たて継ぎ材の製造

　たて継ぎの技術は、比較的断面の大きな在来軸組構法用の柱や梁などにも十分に応用できそうに思われますが、断面が大きい場合には、断面内部の含水率の傾斜が大きくなりやすいので、現在のところ JAS は制定されていません。ただ、昨今の人工乾燥技術の進歩には著しいものがありますので、今後、規格が整備される可能性もあるかと思われます。

　構造用のたて継ぎ材がわが国で使えるようになったのは、1991 年に「枠組壁工法構造用たて継ぎ材の JAS」が施行されてからです。それ以前には、構造的な利用は、集成材のラミナを除いてはまったく認められていませんでした。ただ、認められた当初、実際に使えるのは「たて枠用」、すなわち間柱（スタッド）用に限定されていました。その後 1994 年に甲・乙 2 種の「たて継ぎ材」が追加され、横

架材への適用も可能になりました。このような経過をたどった理由が信頼性の確保の困難さであったことは想像に難くありません。

❖たて継ぎ材の耐力システム

たて継ぎ材の耐力システムは、**12** 節（☞ p.101）でも説明したように、いくつかの強度要素が直列に並んだ典型的な「直列系」の構成です。直列系では、要素のなかで最も弱いものが破壊したときにシステムとしての破壊が生じます。

したがって、たて継ぎ材の強度特性は、構成要素である木材、接合部の歯形、刃物の使用時間、接着剤の種類、硬化剤の量、圧縮圧、養生条件（温度・時間）等によって、大きく変化することになります。このため、要素が並列的に並んだ積層製品に比べて、引張や曲げ荷重に対しての信頼性が低くなってしまいます。たて継ぎ材が、構造部材として構造用集成材や構造用 LVL などと同等に評価されないのは、このためです。

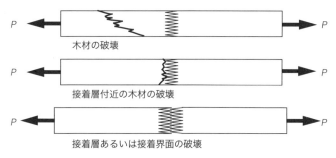

図 4・13　たて継ぎ材の破壊形態

積層製品のような積層効果を期待できないたて継ぎ材では、システムとしての信頼性を高めるためには、各要素の信頼性をそれぞれ高める以外に方法がありません。ただ、後述するように、プルーフローディングの手法を用いて、接着不良が生じた製品を除外することができれば、製品全体の信頼性は大きく向上します。

フィンガージョイントの形態には図4・13のように水平型と垂直型があります。どちらのタイプであっても、繊維方向に圧縮圧力（エンドプレッシャー）をかけたときに、材の縁に近い部分のフィンガーでは横方向に材が逃げてしまって、十分な圧縮圧が作用しない可能性があります。このため、垂直型のほうが構造用と

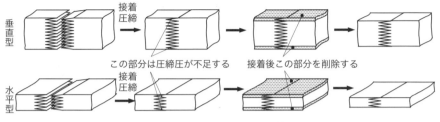

図 4・14　垂直型と水平型の比較

垂直型

接着
圧締

この部分は圧締圧が不足する

接着後この部分を削除する

水平型

接着
圧締

しての信頼性は高いことになります。また、接着完了後には幅方向の両縁部を切削するのが一般的ですが、図 4・14 から明らかなように、垂直型のほうが削り取る部分が少なくてすみます。構造用集成材のラミナで垂直型が採用されることが多いのは、このような理由からです。

❖構造用たて継ぎ材のプルーフローディング

　これまでに述べてきたように、ラミナの等級区分を行ない、最適なフィンガージョイントの製造条件を求めて加工を行なったとしても、たて継ぎ材が十分な信頼性を示すかどうかは、完全には保証できません。なぜなら、木材製品の品質管理において一般的に行なわれている抜き取りの検査では、不良品のでる確率をゼロにすることはできないからです。

　この問題の解決のため行なわれるのが、保証荷重を全製品に作用させて規定値以下の製品を排除するプルーフローディングです。

　たて継ぎラミナのプルーフローディングについては、作用させる保証荷重の大きさ、種類（引張か曲げか）、時期（接着後いつ行なうか）、および保証荷重による損傷の程度などが明確にならないまま、個別対応的に現場に応用されているのが現状ですが、いずれにしても、接着剤の塗布量不足、ドライアウト（接着剤が乾燥してしまうこと）といった製造工程上の初歩的ミスを完全に防ぐことができます。

❖構造用たて継ぎ材の利用

　国土交通省の告示に規定された枠組壁工法用構造用たて継ぎ材の基準強度の値は、通常の枠組材（ディメンションランバー）のそれとまったく同じです。つま

り、たて継ぎが存在しても、まったく存在しないものと強度が同じであることが公的に認められているわけです。これは、枠組壁工法の構造が高次の不静定（必要最低限以上にあちらこちらで構造が支持されているというような意味）で、かつ並列系であるため、たとえ主要構造部材の一部分に破壊が生じてたとしても、それが直接構造物の破壊につながることが少ないと考えられているためです。

　たて継ぎ材は構造用集成材やCLT用のラミナとして、ごく普通に使用されています。これはもちろん、長大な構造用集成材やCLTの製造にはたて継ぎラミナが不可欠であるからです。また、枠組壁工法の場合は先に述べたように一般的なディメンションランバーと同等に使えるため、これもごく普通に使用されています。

　しかし、それ以外の製品となると、たて継ぎ材を採用する積極的な理由がみつからないため、トラックボディ材（図4・15）のような特殊な用途以外には利用例がほとんど見当たりません。

　もちろん以上は、構造用の話であって、造作用では様々なところにたて継ぎの技術が活かされています。

図4·15　トラックボディ材に用いられる構造用たて継ぎ材（樹種：アピトン）

30 集成材

　集成材に関する技術は、20世紀初頭にドイツ人によって特許が取得された後に、世界中に広まったとされています。わが国では、1951年に森林記念館のアーチにわん曲集成材が用いられたのが最初です。

　その後、1950年代後半から1960年代にかけて、わん曲集成材を用いた体育館などの大断面木造建築が総計1,000棟程度建てられましたが、建築基準法による規制の強化や安価な鉄骨造の普及によって、1960年をピークに衰退を余儀なくされました。

　ところが、これと時を同じくしてわが国の木材需要が増加し、良質な製材品が不足したため、集成材をコアにして表面に化粧単板を貼った、いわゆる化粧柱が大量に普及することになりました。

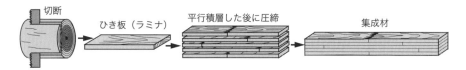

図4・16　集成材（軸材）の製造

　それ以降、手すり、テーブルトップなどに用いられる造作用の広葉樹集成材も普及し、集成材全体の生産量は順調に増加し続けました。1980年代初頭には、住宅建設の大幅な落込みによって、生産量が前年度比で減少となる事態も生じましたが、その後は、住宅生産の回復と大断面木造建築の復権により、年々、生産量が増加し続けました。

　特に、木構造の暗黒時代が幕を閉じた1987年以降には、大断面構造用集成材のJASが登場し、集成材全体の生産量も飛躍的にのびました。とりわけ1990年代の半ばになると、住宅用の集成管柱（材長3m程度の正角に相当）や梁材に用いられる中断面構造用集成材の生産量が顕著に増加しました。これに加えて、海外からの輸入量も激増し、2003年度には集成材全体の生産量と輸入量の総計が200万m³を超えるに至りました。

ただ近年では、全般的な新築建築着工戸数の減少から、国内生産量はほぼ定常状態になっています。とはいえ、構造用集成材は、住宅用の管柱から大規模木造建築や木橋に使われる大断面わん曲集成材に至るまで、非常に広範囲に用いられています。特に先にも述べたように、乾燥された製品であることがクレームを嫌う住宅関係への需要拡大に大きく寄与し、構造用集成材はいまやごく当たり前の材料として用いられています。

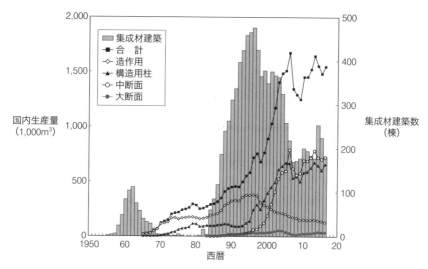

図4・17　集成材の国内生産量と集成材建築の推移
日本集成材工業協同組合および三井木材工業株式会社の統計より（森林総研 宮武敦氏作成）

❖構造用集成材の種類

　JASでは、構造用集成材を次のように分類しています。

①ひき板の構成：異等級対称構成、異等級非対称構成、同一等級構成

　これまでに何度もでてきたように、曲げを受ける梁や桁では、部材に発生する応力が最外層で最大になるため、外側に良質のラミナを、内側に低質のラミナを配置するのが合理的です（図4・18、19）。非対称として引張側により良質のラミナを配置することがあるのは、同じ応力が発生したとしても圧縮より引張のほうが強度が低くなるためです。実際に実大の構造用集成材を曲げ試験してみると、引張側のフィンガージョイントからの破壊がよく観察されます。

②断面の大きさ：大断面、中断面、小断面

　中断面は平角程度（一般的な在来軸組構法用の梁）を想定、小断面は正角（一般的な在来軸組構法用の柱）程度を想定しています。

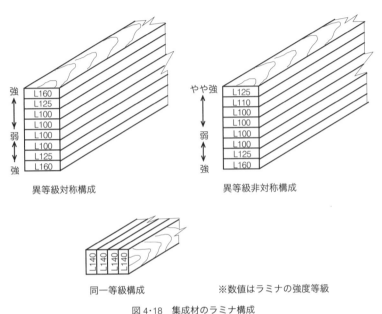

図 4·18　集成材のラミナ構成

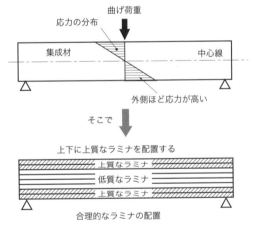

図 4·19　曲げを受けた集成材に生じる応力の分布
上下の最外層に高い応力が生じるので上下に上質なラミナが配置される。

192

表 4・2　構造用集成材に用いられる接着剤（使用環境別）

使用環境	使用環境 A	使用環境 B	使用環境 C
耐火性能	準耐火	準耐火	想定なし
屋内・屋外	屋外	屋内	屋内
接着剤：積層、幅方向、二次接着	RF、RPF	RF、RPF	RF、RPF、API
接着剤：たて継ぎ	RF、RPF、MF	RF、RPF、MF	RF、RPF、API、MF、MUF

RF：レゾルシノール、RPF：レゾルシノール・フェノール共縮合、API：水性高分子イソシアネート、MF：メラミン、MUF：メラミンユリア

③使用環境：

　構造用集成材に許されている使用環境は表 4・2 のようになります。使用環境 A は屋外使用、使用環境 B は屋内使用で準耐火の性能、使用環境 C は屋内使用で耐火規定なしを想定しています。

　構造用木質材料のなかで、このような使用環境が設定されているのは構造用集成材と構造用 LVL だけですが、その背景にあるのは、使用環境に十分適合できる接着性能があれば、過剰品質を追い求める必要はないという考え方です。つまり、同じ構造用でも直射日光や雨風にさらされることのない部材に、高度の耐候性を持ったレゾルシノール接着剤（RF）を使う必要はないということをこの規定は意味しているのです。

　構造用集成材では、この規定が 1994 年頃から付け加えられたため、耐久性の若干劣る水性高分子イソシアネート系接着剤（API）でも構造用に使えることになりました。もちろん、API の硬化時間は半時間程度ですから、常温で 1 日近くを要する RF に比べて、集成材製造の生産効率は格段に向上します。

　このこともまた、わが国で集成材の生産量が右肩上がりを続けた原因だったのです。

　なお、構造用集成材の基準強度については、JAS に規定された断面構成に関する様々な規定に従った製品であれば、自動的に強度保証が得られ、同時に基準強度が与えられるシステムになっています。

❖構造用集成材の製造

　構造用集成材の製造工程は、一般的に原木→ラミナの製材→ラミナの乾燥→ラミナの等級区分→ラミナのたて継ぎ→積層接着→仕上げ→製品という単純な流れ

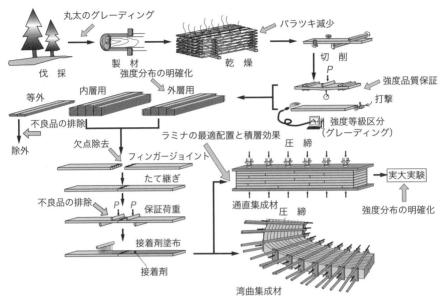

図4·20　構造用集成材の製造工程

で表されますが、実際には製品の種類や生産量等によって多種多様な製造ライン
が採用されています。

　ただ、製造原理は単純であっても、労働集約的な工程が多く、また製品が多品
種であることが多いため、小断面の集成管柱や中断面の集成平角のような単品生
産以外では、高度に自動化された一貫製造システムを採用することはなかなか困
難です。

　図4・20が構造用集成材の製造工程の概略図です。

❖構造用集成材の耐力メカニズム

　集成材の強度特性は、実大の製材の場合と同様に、曲げや引張といった強度の
種類によって異なります。定性的な傾向は実大の製材のそれとおおむね同じです
が、特性のバラツキについては、積層効果によって大きく改善されています。た
だし、強度の種類によっては大きく改善されていないものもあります。

　特性のバラツキがどれくらい改善されるかについては、実のところ、まだ理論
的・実験的に明確になっていないことがいくつかあります。したがって、ここで

は大まかな傾向を示すにとどめておきます。

　まず、単純な引張強度については、積層効果によって強度のバラツキが低下することは明確です。ただし、フィンガージョイントの影響、欠点が最外層にある場合と内側にある場合の差、引張と曲げが複合的に作用した場合の影響など、明確になっていないところがあります。

　圧縮の場合、短柱では積層効果が **25** 節（☞ p.167）に述べた「積層効果の理論」どおりに観察されます。これは引張に比べて、欠点が強度に及ぼす影響が小さいためと思われます。中間柱や長柱では、座屈強度がヤング率の関数となるため、積層効果が明確になると推測されますが、いまのところ実大実験による検証はありません。

　曲げの場合、水平積層集成材のフラットワイズ曲げでは、理論値に近いような積層効果が観察されますが、一般的な垂直積層集成材のエッジワイズ曲げでは、様々な要因が影響するため、積層効果は定量化されていません。非常に大まかな数字としては、曲げ強度の変動係数が15％程度になるといわれています。なお、コンピュータの乱数発生を利用したモンテカルロシミュレーションによる強度分布予測でも、この程度の値が示されることが多いようです。

　せん断については、実大試験の結果が少ないので、積層効果があるのかどうかが明確になっていません。逆に、力学的には直列系に近くなるため、平均値そのものの低下も考えられます。ただし実大の製材のように乾燥割れなどが入る確率は低いので、5％下限値が同樹種の実大の製材より低くなることはないと推測されます。いずれにしても、せん断に関しては、今後の研究待ちといったところです。

　以上、研究レベルの内容にまで踏み込んで解説してしまいましたが、実用的には、基準強度値を使って構造計算していただければ何の問題もありません。

③1 単板積層材（LVL）

　単板積層材（LVL：Laminated Veneer Lumber）は、ロータリーレースという機械で丸太を大根のようにかつら剥きして単板（ベニア）を作り、それを軸と平行方向に何枚も積層接着したものです（図4・21）。

　簡単に言えば上のような定義になるのですが、単板積層材の日本農林規格（平成20年5月13日農林水産省告示第701号）では、単板積層材とは、「ロータリーレース、スライサーその他の切削機械により切削した単板を主としてその繊維方向を互いにほぼ平行にして積層接着した一般材及び繊維方向が直交する単板を用いた場合にあっては、直交する単板の合計厚さが製品の厚さの20%以下であり、かつ、当該単板の枚数の構成比が30%以下である一般材」と定義されています。

　造作用のLVLがわが国に登場したのは比較的古い1975年ですが、当時は木構造の暗黒時代がまだ明けていなかったこともあって、構造用の登場はそれより10年以上も遅れました（1987年）。このような背景があったため、また、北米におけるIビームのフランジのようなLVLの最も得意とする需要がわが国では存在しなかったために、構造用集成材に比べると、LVLの需要開発はあまり進みませんでした。

　しかし「公共建築物等における木材の利用の促進に関する法律」の施行にみられるように、中大規模の木質構造が注目を浴びるようになり、それに対応できるような材料として、LVLの需要開発、たとえば薬剤が浸透しやすい利点を活かした難燃材料や大型のボックスビーム工法の開発などが進みつつあります。

単板切削　　　　単板（ベニア）　平行積層した後に圧縮　　　　LVL（単板積層材）

大型ナイフ

図4・21　LVLの製造

❖構造用 LVL の種類

市販されている構造用 LVL の種類は、構造用集成材に比べると非常に少なくて、単純です。JAS では、積層数や隣接するたて継ぎ部分の位置などによって、特級、1 級、2 級の 3 種類に、また、曲げヤング係数とせん断性能によって幾つかの等級に区分しています。さらに近年では直交する単板の入れ方によって（A 種、B 種）の区分が加わりました。これは年々増えつつある大型面材としての利用を考慮したものです。

なお、使用環境と接着剤の区分は、構造用集成材のそれと同じく、三つの使用環境（A、B、C）が採用されています。

このほかの分類として、通直とわん曲という形態上の区分、縦使いと平使いといった使用上の区分があります（図 4・22）。なお、集成材でも縦使いと平使いという表現をすることがありますが、エレメントの積層方向、すなわち、接着層の方向は逆になります。

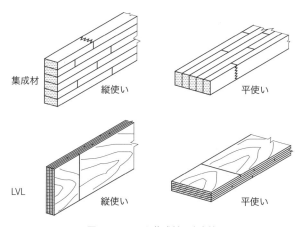

集成材　　　縦使い　　　　　　平使い

LVL　　　縦使い　　　　　　平使い

図 4・22　LVL と集成材の方向性

❖構造用 LVL の製造

LVL では単板を積層して圧縮し、それを熱圧するのが一般的な製造方法です（図 4・23）。ただ、製品が厚い場合には中心にまで熱が伝わるのに長い時間が必要になるので、製造効率が悪くなります。このため、集成材のような厚い製品は基本的に製造できません。普通は厚さ 4 〜 5cm が限度です。このように LVL の厚さは比較的薄いため、集成材ほど厳密な積層方向の断面設計は行なわれません。せ

いぜい2〜3種類に単板を等級区分するだけです。もちろん、製品同士を再度、積層接着（二次接着という）して、さらに厚い製品にすることは可能です。大断面のLVLの製造には、この手法が採用されています。

　なお、純粋な構造用ではありませんが、このようにして積層したLVLをさらに挽き割ってストライプが見える積層面を表面に見せるようにした製品も使われるようになりました。

❖構造用LVLの耐力メカニズム

　図4・22からわかるように、縦使いのLVLでは、単板が垂直に並ぶので、引張、圧縮、曲げのいずれの場合でも積層効果が働いてバラツキが小さくなります。もちろん、積層効果の式から考えれば簡単にわかるように、積層数が多いほどバラツキが小さくなります。ただ、単板を薄くして積層数を多くすれば、それだけ接着剤の使用量が増えますので、単純に積層数が多ければ良いということにはなりません。現状では3mm程度の厚さの単板が使用されることが多いようです。

　筆者らが行なった構造用LVLの実大実験で得られた各特性の変動係数を、非常に大まかに5%刻みに示すと、容積密度（5%以内）、*MOE*（10%以内）、曲げ強度（10〜15%）、引張強度（10〜20%）、せん断強度（10%以内）、圧縮強度（10%以内）となります。ただこれは製造実験を兼ねて製造された製品のデータ

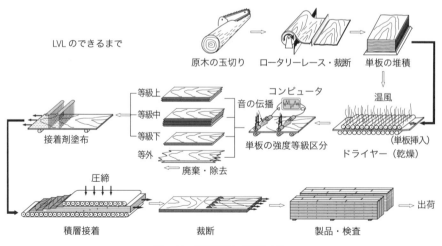

図4・23　構造用LVLの製造方法

198

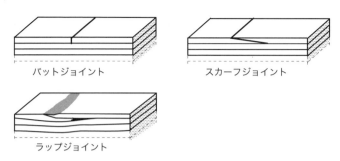

バットジョイント　　　　　スカーフジョイント

ラップジョイント

図 4・24　LVL のたて継ぎ

なので、実際に生産されている製品では、もう少しバラツキが小さくなるものと考えられます。

　LVL の強度発現メカニズムを考えるときに忘れてならないのは単板のたて継ぎ部の存在です。たて継ぎの方式としては、バットジョイント、スカーフジョイント、ラップジョイントが用いられます（図 4・24）。

　LVL の場合、集成材とは異なり、強度が発現しないバットジョイントを用いても強度的には大きな問題とならない場合が多いのですが、わが国では化粧的な意味でバットジョイントが好まれない傾向にあります。

　いずれのたて継ぎ方式を採用するにしても、たて継ぎ部が一個所に集中することは避けなければなりません。JAS では、隣接するジョイント間の間隙と同一断面に存在するジョイントの出現頻度を規定しています。

　また、LVL は節を製品の内部に包含してしまうので、幅方向に節が並んで出現する輪生節（りんせいぶし）をもつ樹種（マツなど）を原料とする場合には、節の出現にも注意する必要があります。さらに単板には必ず裏割れが生じているので、製材に比べてせん断強度が低下していることを認識して使う必要があります。JAS にせん断強度の規定が取り入れられているのはこのためです。

❖構造用 LVL の性能

　構造用 LVL は上で述べたような弱点を考慮さえすれば、基本的には構造用集成材と同じような使い方ができると考えてかまいません。

　構造用 LVL の用途としては、大断面木質構造では母屋（もや）、床梁、屋根梁など、住宅関係では、柱、梁、まぐさ、根太（ねだ）などがあげられます。特殊な用途としては工事現場の足場板や I ビームのフランジなどがあります。なお、北米では需要の多

図 4・25　構造用 LVL の使用例・屋根付き木橋の斜材　　図 4・26　構造用 LVL の使用例・工場の柱と桁

くが I ビームのフランジ用です。いずれにしても、構造用 LVL は引張強度の高さ
と品質の均一性が最大のメリットですから、この利点を生かしたような用途に用
いるのが本筋でしょう（図 4・25、26）。

　構造用 LVL の耐火性能については、北米では大断面集成材と同等であると評価
されていますが、わが国では、今のところ実験データが少なくて、高い評価を得
るに至っていません。しかし、裏割れが多いために、難燃薬剤の注入は集成材よ
りはるかに容易ですから、この分野での製品開発が強く望まれます。

　構造用 LVL の耐久性に関しては、幅方向の寸法安定性が裏割れのためにラミナ
の場合より若干劣ります。したがって、屋内使用のような条件下では問題ありま
せんが、雨風や直射日光に暴露されるような条件では劣化しやすくなりますので、
それなりの注意が必要です。この分野に関しても防腐薬剤の注入はラミナより容
易ですから、新たな製品開発が期待できます。

　ここまでいろいろ述べましたが、基本的に構造用 LVL や構造用集成材の信頼性
が高いのは、3 章において説明した、①エレメントの等級区分、②エレメントの合
理的な配置、③欠点の除去あるいは分散、④積層効果によるものであることが十
分おわかりいただけたと思います。

32 PSL と OSL

　針葉樹の単板を長さ方向に割裂させて短冊状のストランドを作製し、これを軸方向に平行（Parallel）に積層接着したものが PSL（Parallel Strand Lumber）です。PSL（ピーエスエル）は、LVL より単板の寸法や品質に関する制限が少なく、また大断面の製品を造った後に、それを裁断して使うので、任意の断面を持つ製品を多品種製造するのには効率的です。

　一方、蓄積量が豊富な北米のアスペン（ドロノキ）材を主原料とし、OSB で培われたエレメントの製造技術や配向技術を、軸材料の生産に応用して生まれたものが OSL（Oriented Strand Lumber：オーエスエル）です。PSL よりも短いストランドが軸方向に配向されるので、このような名称で呼ばれています。ただ、OSL の名称は一般的ではなく、この種の製品が PSL の範疇に含められることもあります。また、商品名の LSL（Laminated Strand Lumber）が一般名詞的に使われることもあります。

❖種類

　原理的には、ストランド状のエレメントを平行に積層接着したものであれば、PSL や OSL の範疇に入ることになりますが、現実に市販されている製品としては、ウエアハウザー社のトラスジョイスト部門が製造しているパララム（Pallalam）と、同社のティンバーストランド LSL（Laminated Strand Lumber）の 2 種類だけです。これら 2 種類の製品については、それぞれ 2～3 の等級区分（*MOE* による区分）があるだけで、それ以外の区分はありません。

❖ PSL と OSL の製造

　両者の製造原理の比較を、図 4・27 に示します。一般的に、OSL ではエレメントの平行の度合い（配向度）が PSL より低くなります。また PSL のエレメントである単板は OSL のストランドより厚いため、製品の木口面には短い隙間が所々に生じています。

　なお、北米では LVL、PSL、OSL の総称として、「SCL（構造用複合軸材料：Structural Composite Lumber)」という用語が用いられています。

PSL の工程では、乾燥されたベイマツあるいはサザンパインの単板（厚さ：2〜3mm、長さ：600〜2,500mm）を繊維に並行に裁断してストランド（幅12〜16mm）にします。これによって大きな欠点や目切れが除去され、残ったストランドは無欠点のエレメントとなります。

次に、これにフェノール樹脂接着剤を塗布し、連続的に積層接着（マイクロ波加熱）します。このとき、ストランドの端部が一個所に集中しないように、うまくエレメントを分散させなければなりません。

工程を終了したときの製品寸法は幅28cm、高さ（厚さ）43cm、長さ2,000cmですが、出荷する前にはこれをさらに所定の寸法に裁断して用います。一般にLVLでは製品厚さが4cm前後ですから、それに比べればPSLの厚さは非常に厚いといえます。もちろん、これ以上の大きな断面を必要とする場合には、二次接着が行なわれます。

一方、OSL の工程では、ポプラやアスペン材から円盤形のフレーク製造機械を用いて厚さ 0.7mm、幅 25mm、長さ 30cm 程度のストランドを採り、これを乾燥した後、ポリウレタン樹脂をスプレイします。次いでこれを大型の蒸気噴射プレス（蒸気を併用すると接着剤の温度を急激に上昇させることができる）を用いて高速に接着します。

OSL では、エレメントを製造するのに PSL のような単板の製造工程が不要です。したがって、小径木でも、短小材でも、曲がり材でも、原材料とすることが可能

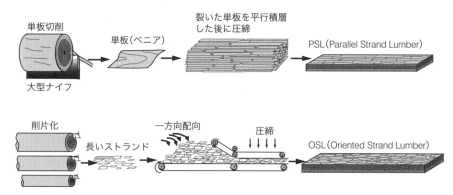

図 4·27　PSL（上）と OSL（下）の製造方法

です。当然、原材料からの歩止りについては、SCL3種のなかで最も高くなります。

この製品の最大寸法は、厚さ 14cm、幅 240cm、長さ 1,050cm であり、PSL に比べて、製品厚さは薄いが、幅は広いといえるでしょう。なお、最終段階での製品の含水率は 6 ～ 8%です。

❖ PSL と OSL の耐力メカニズム

PSL では節が除去され、目切れやたてつぎ部が無いので、強度特性のバラツキが小さく、製品としての構造信頼性が非常に高くなります。

異等級構成の集成材では外層と内層でラミナの質が異なるので、小割して使うと、強度性能が落ちる可能性があります。しかし、PSL では均質なエレメントが使われるので、層によってエレメントの性能が変化することはありません。したがって、小割りした製品でも強度性能は大きく変化しません。ただし、一般的な寸法効果はあるので、大断面の製品の場合には、寸法に応じて許容応力度を割り引く必要があります。

PSL の耐水性や耐久性については、フェノール樹脂接着剤が用いられているので、構造用集成材や構造用 LVL と同等であると考えられます。水分の変化に対しては製材品よりもねじれやそりなどのくるいが生じにくいといえますが、構造用集成材に比較すれば、厚さ方向（積層方向）の寸法安定性が劣ります。1 章で説明したいわゆる「スプリングバック」は、この種の木質材料では避けることができないので、使われる環境をよく考えておく必要があります。

PSL の欠点は、LVL と同じく接着層が多いので、切削加工において刃物を傷つけやすいことや、製材や集成材より比重が高くて重いことなどがあげられます。

一方、OSL の強度特性も PSL と同様に、積層効果、欠点除去、配向などにより、非常に信頼性が高くなっています。また材料内部の均質さもこの製品の大きな特徴といえるでしょう。

OSL の耐水性や耐久性については、フェノール樹脂接着剤より劣るものの、比較的耐水性の高いポリウレタン樹脂が用いられているので、構造用集成材の使用環境区分の C 程度の環境条件（**30** 節 ☞ p.193）であれば、特に問題はないと思われます。ただ、接着剤の色が付かないので、化粧材と構造材を兼ねるような用途には適しています（図 4・28、29）。

OSL の欠点は、厚さ方向の寸法安定性が PSL や LVL より劣ることです。ストラ

ンドの積層面が見えるような使い方の場合、厚さ方向の膨潤収縮が顕著になるので、割れが発生しないように施工を工夫する必要があります。また低質な広葉樹が原料であるため、強度特性の平均値が PSL のように高くはないことにも注意が必要です。もちろん、逆に製品の価格は SCL3 種の中で最も安価です。

図 4・28　OSL の利用・和室の造作材と階段の踏み板

図 4・29　OSL の利用・病院の腰壁と家具

33 Iビーム（I-Beam）

　上下に引張・圧縮強度の高い部材を配置し、中央部分にせん断強度の高い部材を配置した複合部材がIビーム（アイビーム）です。木製I型ジョイストと呼ばれることもあります。言うまでもなく、この名前はその断面の形状に由来しています（図4・30）。Iビームでは梁の上下の軸材（フランジ）には引張・圧縮強度の高いLVLまたはMSR製材（たて継ぎされることが多い）が、中央部の面材（ウェブ）にはせん断強度の高い合板またはOSBが配置されます。

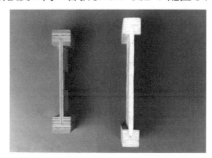

図4・30　Iビームの断面

❖Iビームの製造

　Iビームの製造といっても極めて簡単で、フランジとウェブを接着によって一体化するだけです。まず、フランジに溝のような切り込みを入れ、耐水性の高いレゾルシノール樹脂接着剤を塗布した後、ウェブを差し込んで接着します。

①フランジのカット　②フランジの加工　③ウェブの面取り　④フランジを　　⑤完成
　　　　　　　　　　　　　　　　　　　　　　　　　　ウェブに接着

図4・31　Iビームの製造方法

❖Iビームの耐力メカニズム

　一般的な矩形断面の梁とIビームに生じる曲げ応力分布を示したものが図4・32

中立軸

フランジ
ウェブ
フランジ

一般的な梁　　　　　　　　　　Ⅰビーム

図4·32　矩形断面の梁とⅠビームに生じる曲げ応力の比較

です。Ⅰビームの上下のフランジの応力分担が大きくて、腹部の面材料（ウェブ）は応力分担が小さいことがわかります。このように、Ⅰビームのフランジは強度的な負担が大きいだけに、より高い信頼性をもったものでなければならないのです。

　Ⅰビームの特徴として、長尺である、材料が節約できる、軽くて作業性が良い、乾燥材が使われるので狂いが少ない、品質が安定している、力学的な特性が明確であることなどがあげられます。また、許された範囲ですが、ウエブに孔を空けることができるので、配管などが容易です（図4·33）。

　Ⅰビームは高度にエンジニアード化されているので、それだけにいっそう使用に際して注意すべき点がたくさんあります。まず、先ほどから述べてきたように、フランジの応力分担が大きいので、圧縮側であっても切り欠きや切り込みを入れることは禁止されています。また、ウエブの孔は許された範囲のものでなければなりません。

　Ⅰビームでは縦方向の剛性に比べて横方向の剛性が小さいため、運搬や保存にあたっては、縦積みにして、無理な力がかからないようにしなければなりません。施工にあたっても、適当な間隔で振れ止め等を設けて、横方向の剛性を補強する必要があります。

図4·33　2階の床梁に用いられたⅠビーム
ウエブに配管用の孔があけられていることがよくわかる。

34 合板

　合板は単板を奇数層直交積層したもので、最も古くから使われている木質材料です（図4・34）。JASでは、合板を「ロータリーレース又はスライサーにより切削した単板（心板にあっては小角材を含む。）3枚以上を主としてその繊維方向を互いにほぼ直角にして、接着したもの」と定義しています。

　合板は用途が広範囲なため、JASに規定されているものだけでも5種類（普通合板、コンクリート型枠合板、構造用合板、天然木化粧合板、特殊加工化粧合板）もあります。さらにJASでは、品質や接着性能などによって合板の種類を細かく分類しています。

　構造用合板は数ある合板のなかでも、建物の構造部材として用いられるもので、他の合板に比べて、強度特性に関する品質管理・評価・保証が厳しく、1級では許容応力度（あるいは基準強度）も与えられています。

　他の合板では、接着性能やホルムアルデヒド放散量等に関しては規定がありますが、強度特性に関しての規定はありません。

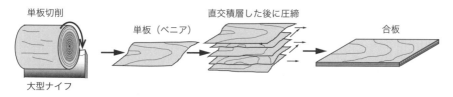

図4・34　合板の製造

❖構造用合板の種類

　JASでは構造用合板を「合板のうち、建築物の構造耐力上主要な部分に使用するもの」と定義しています。

　さらにこの規格では、構造用合板を1級と2級とに分類しています。1級は、主として構造計算を必要とする木質構造における使用を対象としていて、曲げ強さ、曲げヤング係数、面内せん断強度、層内せん断強度の規定があり、E‐Fが表示されています。一方、2級は、主として耐力壁、屋根下地、床等の下張りと

しての使用（図4・35）を対象としており、Eの規定はありますが、Fの表示はありません。

　なお、21世紀に入ってから飛躍的に生産量を伸ばし、現在では在来軸組構法の構造用面材のデファクトスタンダードとなっている厚物構造用合板（通称ネダノン）も、構造用合板の一種です（図4・36）。

❖構造用合板の製造

　構造用合板の製造工程は、原木の玉切り→単板切削→乾燥→調板→接着剤塗布→冷圧→熱圧→裁断→仕上げです。これは一般的な合板の製造方法と同様です。ただ、フェノール樹脂接着剤を用いる特類合板では、熱圧温度を高く設定する必要があります。また、厚物では熱圧時間が長くなりますので、製造時のパンクを避けるために単板の含水率を低く設定しておく必要もあります。

図4・35　在来軸組構法の壁材としての利用

❖構造用合板の性能

　一般的に構造用合板の性能は、エレメントの小さな木質ボード類に比べて高く、特に次のような点が優れています。

　①エレメント（単板）が繊維方向に長く連続しているため、特殊なものを除けば強度低下の要因になるたて継ぎ部分がありません。

　②接着層が面であるため、点状に分散する木質ボード類よりも、強度的に有利です。同様に、水分による劣化が生じにくいため、耐久性も高くなります。

　③圧縮時に必要な圧力が比較的低圧であるため、製造後のスプリングバック

図4・36　スギ構造用厚物合板を用いた床構造の実験

　（ハネ戻し）が生じにくくなります。また、製品の比重も低く抑えられます。
④隣り合う単板の繊維方向が直交しているため、水分変化による変形を互いに
　拘束します。このため面内での寸法安定性が高くなります。

　近年、OSBが構造用合板の代替品として需要を伸ばしてきましたが、上のよう
な点で性能の差は歴然としています。ただ、コストパフォーマンスという点では、
OSBのほうが有利になることも多々あります。

　合板の強度特性で非常に特徴的なのは、図4・37のように、直交する二方向に
よってヤング率も強度も異なるということです。

　合板の一般的な曲げの強度特性、たとえばヤング率などは、集成材と同様の方

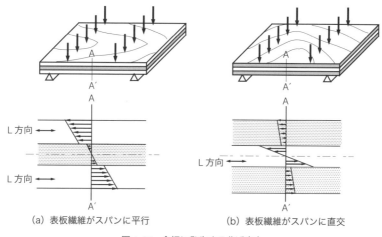

（a）表板繊維がスパンに平行　　　　（b）表板繊維がスパンに直交

図4・37　合板に発生する曲げ応力

法で計算することができます。ただし、単板の裏割れには接着剤が浸透しているので、接着剤の影響が大きくなる場合には、接着剤のヤング率などを考慮に入れて計算しなければなりません。

　合板の曲げにおける「板」としての力学特性は、集成材のような軸材料に比べると複雑です。板ではスパンに比べて厚さが薄いので、たわみが非常に大きくなります。この大きな変形に伴って複雑な応力が発生し、また支持の条件によってそれが様々に変化しますので、解析が非常に難しくなります。当然、その解説は本書のレベルをはるかに超えてしまうので、ここでは省略します。

　合板の特徴はせん断強度が高いことですが、層内せん断の場合には隣接する裏割れの間の部分が転がるように破壊する、いわゆる「ローリングシェア」が生じます（図4・38）。裏割れが開く方向にせん断力が働く場合（オープンタイプ）の方が、閉じる方向に働く場合（クローズドタイプ）よりも小さい値となります。単板の構成方法によって値は当然異なりますが、枠組壁工法建築物構造設計指針では、面内せん断の1/2の強度が設定されています。

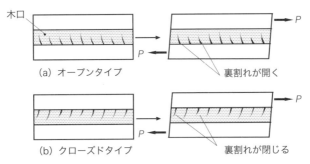

図4・38　合板に生じるローリングシェアの模式図

❖ MPP（Mass Plywood Panel）

この製品はわが国ではまだ市販されていませんが、昨今の中大規模木造建築の隆盛を見れば、近い将来、マーケットに登場すると思われますので、ごく簡単に概要だけを紹介しておきます。

この製品はたて継ぎした厚物合板を複数枚積層接着して大型部材に加工したものです（図4・39）。また、利用方法も、直交層の多いB種LVLに近いものと考えられます。

図4・39　MPP（Mass Plywood Panel）（東京大学大学院農学生命科学研究科　青木謙治准教授撮影）

35 OSB

OSB（Oriented Strand Board：配向性ストランドボード）は、**24** 節（☞ p.162）の「配向」ですでに触れたとおり、エレメントであるストランドの繊維の向きをそろえて、なおかつその層を直交に積層した木質ボードです。

❖ OSB の種類

わが国では、OSB の規格は、歴史的な経緯から二つ存在します。旧来から存在していた JIS A 5908「パーティクルボード」は、1986 年の改正により、ウェファーボードや OSB を包含するようになりました。

一方、これとは別に、JAS では「構造用パネルの日本農林規格」が 1987 年に制定されました。これは、JIS が造作用を主とした仕様規格であったため、様々な種類の構造用面材料を規定することが困難であったからです。

この JAS では製造方法に関する規定がなく、試験項目に合格すれば、原料や製造法に関係なく構造用パネルとして格付けが可能な形となっています。これは北米における構造用パネルの性能規格の考え方を、わが国に導入したためです。

なお、わが国では一般に「パネル」というと枠材に合板を貼り付けたようなものを想像しますが、欧米では単なる面材料のことを指します。ここでいう「構造用パネル」とは、建築物の構造部材として使用される面材料をさしており、合板と木質ボード類の両者を含んでいます。

構造用パネルの JAS（制定：1987 年、最終改正：2013 年）の対象となる木質材料は、構造用合板、ウェファーボード、OSB、構造用パーティクルボード、コンプライ（パーティクルボードの表裏面に単板を貼ったもの）ですが、現在のところ、構造用合板にはそれ専用の JAS があり、その他の製品はわが国では使用されていないので、実質的にこの規格の対象となる製品は OSB だけです。

この規格において、OSB は常態と湿潤時における曲げ性能によって四つの等級（1 級から 4 級）に区分されています。ただし、この曲げ性能の基準値は床下地や屋根下地に用いた際の許容スパンを想定し、その際の要求性能から定められています。

OSB の種類としては、上のような強度性能の区分の他に、いくつかの区分があ

ります。まず、樹種は北米のアスペン（ヤナギ科の広葉樹）を用いたものが一般的ですが、南部のサザンパイン（針葉樹）や欧州産の針葉樹を用いたものも輸入されています。

ストランドの構成方法としては、心層を直交方向に配向した三層構造となっているものがほとんどですが、五層構造の製品も市販されています。

❖ OSB の製造

OSB の名称の由来であるストランドは、原木丸太からフレーカーとよばれる機械を用いて製造されます。フレーカーにはディスクタイプとリングタイプがありますが、一般的には後者のほうが良質のストランドを得ることができます。

得られたストランドはドラム式の乾燥機で乾燥された後、接着剤が塗布され、**24** 節の「配向」（☞ p.162）のところで説明したようなオリエンターでマット状に形成されます。次にこのマットが多段のホットプレスで熱圧され、最終的にできあがった大きな板が裁断されて製品となります。

なお、製造に用いられる接着剤は、かつて粉末のフェノール樹脂が使われていましたが、最近では、液体フェノール樹脂や、粉末と液体の併用、あるいは欧州ではイソシアネート系樹脂も使用されるようになっています。製品によっては、配向層ごとに異なる接着剤が使われる場合もあります。

❖ OSB の性能

OSB では、配向の効果が顕著にあらわれるので、曲げに関しては構造用合板に近い強度性能を示します。したがって、住宅用の床や壁の下地材（図4・40）としては十分な強度性能を持つといえます。ただ、はく離抵抗力は一般的なパーテ

図4・40　在来軸組構法の壁材への利用

図 4·41　1 年間の屋外暴露によりスプリングバックが生じた OSB

ィクルボードと同様です。これは集成材のように連続した接着層が形成されずに、接着が点状に分散しているためです。

　OSB の性能で使用上最も問題となるのは、厚さ膨潤率の高さです。一般に、木質ボード類は大きな熱圧変形を受けているため、吸水または吸湿による含水率変化によって、厚さ方向のスプリングバックが生じます（図 4·41）。エレメントの大きな OSB では特にこのはね戻りが大きく、ものによっては MDF の 2 倍程度の厚さ膨潤率を示すことがあります。

❖ OSB の利用

　OSB は、基本的に壁や床や屋根の下地材として用いられていますが、発泡ウレタン板をサンドイッチするためのスキン材としても用いられることがあります（図 4·42）。その他の利用例として、先に説明したような I ビームのウェブや梱包用材にも使われます。

図 4·42　OSB を用いたサンドイッチパネルとその施工（写真提供：大鹿振興株式会社）

36 直交集成板（CLT）

　1章の **5** 節（☞ p.62）で簡単に説明したように、幅の狭いスギラミナを幅方向に幅はぎ接着した板を合板のように3層直交積層した製品が、スギ3層クロスパネル（Jパネル）です（図4・43）。この製品はわが国で生産が開始されてから、すでに20年以上が経過しており、実績も多くあります。製品の厚さが36mmですので、用途としては厚物合板的な利用が多く、合板と同様に寸法安定性に優れているのが特長です。

図4・43　スギ3層クロスパネル、左は未塗装、右は塗装

　この製品とまったく同じような製造原理で、ラミナを図4・44のように多層直交積層させて大型の面材料にした材料が、クロス・ラミネイテッド・ティンバー（CLT: Cross Laminated Timber）、別称クロスラミナパネルです。この製品は1990

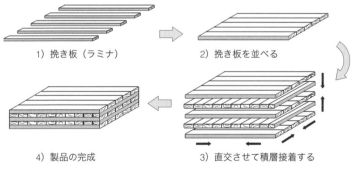

1）挽き板（ラミナ）　　2）挽き板を並べる

4）製品の完成　　3）直交させて積層接着する

図4・44　CLTの製造原理　幅はぎ方向の接着は必須ではない

年代後半に欧州で開発されたもので、21世紀に入ったあたりから欧米で急激にマーケットを拡大しており、製品規格や基規準の整備が進んできました。この結果、CLT構造は北欧等ではもはやそれほど珍しくないものとなっています（図4・45）。

図4・45　CLTパネル構造の6階建て集合住宅（スウェーデン シェレフテオ市）

❖沿革

わが国では2007年の10月に(独)防災科学技術研究所の兵庫耐震工学研究センター（Eディフェンス）で実施された震動台実験（イタリアとの共同研究）で実大の7階建木造建築にCLTが使われました。ただ、この時には注目が集まったわ

図4・46　実大振動台実験に用いられた7階建ての木造建築

図4・47　壁や床に使われたCLT（左）と構造用合板（右）の比較

けではありませんでした（図4・46、47）。

　ところが、2010年に国交省の「木の家づくりから林業再生を考える委員会」でCLTが取り上げられ、公共建築物等木材利用促進法の施行とあいまって、中規模木造建築に適した新構造用材料として一躍脚光を浴びることとなりました。

　その背景には、年々増加し続けている国産材資源、特にスギの並材を大量に使えるのではないか、あるいは中・大規模の多層階建築に適した、新しい木造建築構法が実現できるのではないかといった期待がありました。

　その後、建築研究所、森林総合研究所といった研究機関のみならず、業界も交えた官民挙げての研究開発が始まりました。2012年には日本CLT協会が設立され、材料規格や構造・耐火設計法など（図4・48）の整備に向けた取り組みが急激に進みました。

　2013年には直交集成板の日本農林規格が制定され、ラミナの強度等級区分、CLTの層構成、強度等級等に関する基準が示されました。これを受けた形で、2016年には 材料の品質及び強度、CLTを用いた建築物の一般設計法に関して建築基準法に基づく告示が公布・施行されました。これらの結果、CLTによるパネル工法が特別な認定を受けなくても建築可能となりました。

　CLTの開発や普及の指針として、2014年に林野庁と国土交通省から「CLTの普及に向けたロードマップ」が発表され、その後、2017年4月にはCLT活用促進に関する関係省庁連絡会議から、第二弾とでも言うべき「CLT普及に向けた新たなロードマップ～需要の一層の拡大を目指して～」が発表されました。

図4・48　耐火試験に供されるスギCLT

図4・49　3種のスギCLT
（上：3層4プライ、中：5層5プライ、下：3層3プライ）

❖層とプライ

先の JAS 規格の中で、「層とプライ」に関して、明確に定義付けがなされました（図4・49）。これは木質材料全般に通用する非常に重要な定義なので、図4・50 にその概念を示します。

規格のなかでは、プライとは「ラミナをその繊維方向を互いにほぼ平行にして幅方向に並べ又は接着したもの」、層とは「直交集成板を構成するプライ又はプライをその繊維方向を互いにほぼ平行に積層接着したもの」と定義されています。ただ、簡単に表現すれば、重ね合わせたラミナの数がプライであり、隣り合うラミナが同方向であれば、それを1層と数えるということになります。図を見ればこれは簡単に理解できるでしょう。

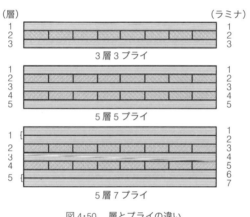

図 4・50　層とプライの違い

❖特徴と製造方法

CLT の構造用材料としての利点はまさに見てのとおり、大型のパネル製品という点にあります。基本的に現場での施工は工場生産された大型パネルを現場に運び込んで組み立てるだけですから、大変容易です。また、断熱性、遮音性、耐火性、耐震性などにも断面の厚さが有利に働きます。

製造方法としては、ひき板（ラミナ）の製材・乾燥、強度等級区分、たて継ぎ、直交積層接着の順となります。ただし、製造ラインによって幅はぎ接着を行ったのちにその板を2次接着するタイプと、ラミナを幅はぎ接着せずに一気に直交積層接着するタイプ2種類があります。

一般社団法人日本CLT協会によると、2020年11月時点でのCLT製造国内企業は7社ですが、1社はJパネルのみですので、一般的なCLTを製造できるのは6社ということになります。また、3章で説明したように、このような大型部材をプレカットするためには、大型のクレーンと自動的に加工できる加工機械が必要です（図3・14、☞ p.137）。

　先にも述べたように、産官学挙げての集中的な開発研究の結果、CLTの製造と強度性能に関する課題についての基本部分は解決されたのですが、例えばJASに含まれなかった非等厚ラミナの問題や、小規模住宅への応用方法、他構造における床や耐力壁としての利用、評価に長期を要する耐久性の評価等々、今後の課題

図4・51　防災科学技術研究所で実施されたスギCLT構造物の実大加震実験

図4・52　実大CLTの曲げ実験　左：面外曲げ　右：面内曲げ（秋田県立大学木材高度加工研究所）

も残されたままとなっています。

　構造性能についても、新たな接合方法や他の構造材料との複合、耐火性能の高度化、さらには混構造の設計法等など、広範に使われるようになればなるほど、様々な研究開発が必要となっています。

　いずれにしても、わが国に登場して日の浅い材料ですので、今後も様々な研究開発が続けられるものと思われます（図4・51、52）。

❖事例

　CLTを用いた建築の利用例はCLT協会のホームページに140ほどの物件が掲載されています（2020年12月現在）。また、先導的・先端的な物件は、他の構造も含めて、一般社団法人木を活かす建築推進協議会のホームページに「木のまち整備促進事業」「木造建築技術先導事業」「サステナブル建築物等先導事業」の実例として掲載されています。ぜひご参照ください。

　ここでは、小規模でCLTの特徴がわかりやすい物件をいくつか紹介します。

　図4・53はCLT協会が茨城県つくば市の建築研究所の敷地内に建設したものです。CLT床板をそのまま片持ちでバルコニーとしており、支柱がありません。こういった従来の木造では考えにくいようなデザインの構造でも、CLTでは可能となります。

　一方、内部では化粧的にJパネル（手前）が使われています。奥の壁用スギCLTと比較すれば、品質の違いがよくわかります。

図4・53　CLT構造の実験建物（建築研究所内）

図4・54は秋田県立大学木材高度加工研究所の資材保管庫です。外壁は現わしとなっており、色が違うのは木材保護塗料の種類を変えているためです。色の濃い方が油性で、薄い方が水性です。実大の暴露試験を兼ねているので、何年か後には塗り替えられる予定です。右の写真は工事中を撮影したものですが、このような節だらけのスギであってもCLTに加工することができることがよくわかります。

図4・54　CLTパネル工法の保管庫（秋田県立大学木材高度加工研究所内）

　図4・55は森林総合研究所九州支所の共同実験棟です。こちらは先の資材保存庫とは違い、外壁が木材の現わしになっていませんので、外観からは構造はわかりません。しかし、内部に入ると、表層にはヒノキのCLTが使われており、構造と化粧を兼ねることができるCLTの特徴がよく表れています。

図4・55　共同実験棟（森林総合研究所九州支所内）

　図4・56は少し変わったCLTの利用例です。どちらも鉄骨の桁の上に橋の床版として防水加工したCLTを敷き、その表面をアスファルトで舗装したものです。左が林道で右が農道です。一般的な鉄筋コンクリートの床版に比べて、CLTでは

重量が 1/4 〜 1/5 程度ですから、建設には大型のクレーンが不要で、山中のような現場でも施工が容易です。現在日本各地で大幅に増加している老朽化した既存コンクリート橋の補修に活用できるのではないかと期待されています。

図 4・56　CLT 床版橋　左:林道　右:農道（秋田県内）

　図 4・57 はバス停への利用例です。特に左は、構造と化粧を兼ねて CLT が用いられており、従来の木質建材ではなし得ないようなデザインとなっています。

図 4・57　CLT を用いたバス停　左:岡山県真庭市内　右:秋田市内

37 NLT

21 世紀に入り、欧米で中大規模木造構造が数多く施工されるようになると、「マッシブホルツ」とか「マスティンバー」という表現が、わが国でも使われるようになりました。いずれも明確な定義がある用語ではありませんが、まさに「質量感のある大きな木材」といったところがその意味かと思います。

このため、長大な木質建材であれば、本書でこれまでに紹介してきた、大断面集成材、CLT、MPP 等々すべてが、このジャンルに入ることになります。もちろん、長大な製材も含まれることになりますが、北米での「マスティンバー」の取り扱いを見ると、製材は除外されているようです。

本節では、近年注目されるようになった NLT（Nail Laminated Timber）について説明します。といっても、これは実に単純な構成の材料で、図 4・58 に示すように、小端だてにしたディメンションランバーの面に釘を打ち付けて一体化しただけのものです。この写真では梁のような軸部材に見えますが、横方向に幅広く並べれば、厚い面材料に加工することも可能です。

また、並べるときに下端を少しずつずらせば、曲面にすることもできます。さらにねじれを加えれば、3 次元のシェルのような形状にすることも可能です。

図 4・58　クリープ試験中の NLT（森林研究・整備機構　森林総合研究所　原田真樹氏撮影）
黒い点が釘の頭、縦の線は突きつけ部

ディメンションランバーの長さには制限がありますので、製品長さが 6 m 以上の場合、たて継ぎが必要となりますが、この写真からも明らかなように、単なる

突きつけのバットジョイントだけで、特に何の加工も必要ありません。ただ、集成材やLVLのたて継ぎと同じように、突きつけ部分が1カ所に集中してしまうと強度が低下しますので、適当に分散させる必要があります。

NLTの最大の特徴は、とにかく簡単に作れるところにあります。釘打ち機さえあれば、大規模な製造機械は必要ありません。また構造計算においても単なる製材として計算できますので、新たに認定や評定を取得する必要はありません。とはいえ、より使いやすくするために、一般社団法人ツーバイフォー建築協会が中心になって、耐火性能を含めた様々な研究開発を行っているところです。

なお、釘の代わりにダボを用いる方法もあります。この場合、NLTではなく、DLT（Dowel Laminated Timber）と呼ばれます。

[参考]　円筒LVL

マスティンバーの範疇には入らないかもしれませんが、見た目が大きく見える木質建材に円筒LVLがあります。この製品は秋田県立大学木材高度加工研究所で20年以上前に開発されたもので、トイレットペーパーの芯のように単板を円筒の上で斜めに巻き付けながら積層接着したものです。構造用の柱として秋田県内の学校建築等に使用されています。

図4・59　円筒LVL　左:秋田大学内　右:単板と製品の断面

38 接着重ね材・接着合せ材

❖接着重ね材

　この製品は、十年以上も前から数県で実用化されてはいたものの、建築基準法の 37 条による認定等を個別に取得するような形で使用されていたため、2019 年に JAS として規格が統一されたものです。なお、当時からの呼称で BP 材（Binding and Pilling Timber）と呼ばれることもあります。

　この製品の構成は実に単純で、図 4・60 からも明らかなように、製材の柱角（製材ラミナ）を何層か積み重ねて積層接着しただけのものです。2 章でも説明したように国産材の柱角に対する人工乾燥技術が高度化されて、含水率の管理が行き届くようになり、このような製品が可能となりました。

図 4・60　接着重ね材の断面と使用例

　JAS 規格では、製材ラミナは積層数が 2 層以上 5 層以下で、すべて同一の木口寸法でなければならないと規定されています。また、幅方向への積層で束ねる方法、例えば 2 層の重ね材を 1 対接着して 2 層×2 層の正方形断面とすることは、今のところこの規格では許されていません。

　接着重ね材では、集成材のように湾曲させたりすることはできません。ただ、ごくごく普通に梁や柱として使う場合、接着層が目立ちませんので、化粧的な性能は優れています。

　若干の問題点としては、多かれ少なかれ人工乾燥による内部割れが避けきれないことが挙げられます。GIR（Glued In Rod）接合のように接着剤を使う場合には、

接着剤が内部割れに浸透してしまう可能性があります。また、3章の「積層接着による変形の抑制」の節（**25**節☞ p.169）で述べたように、くるいを抑制する接着層が集成材ほど多くありませんので、製品になった後のくるいの発生にも要注意です。

❖接着合せ材

本製品は、かねてから輸入されていて、ラミネートログという名称で丸太組構法（ログハウス）に使われていたのですが、研究データの蓄積により2019年にJAS化されたものです。

図4·61　接着合せ材を用いたログハウス

製品としてはNLTのように、ラミナを小端だてにして、幅方向に積層接着したものです。当然、材料としては構造用集成材と変わるところがありません。ただ、用途が丸太組構法の壁に限定されているところが、何に使われるのかわからない一般材である構造用集成材との大きな違いです。

製品の積層数は2層以上5層以下で、ラミナは同一樹種だけではなく異樹種構成も可能です。

5章
材料からみた木造建築

「はじめに」でも書いたように、『ウッドエンジニアリング入門』で詳しく取り上げた木造建築の接合法に関しては、信頼できる類書が数多く発刊されるようになったので、旧版では内容を大幅に削減しました。

本章では旧版で解説した、伝統構法、在来軸組構法、金物構法、プレハブパネル構法、枠組壁工法、丸太組構法（校倉）、大断面木造について、近年新しく登場してきた材料の動向を補足しながら、木材・木質材料を利用する立場から解説します。ただ、様々な構造計算手法やそれに関連した法規等の変遷等についてはほとんど触れていません。

確かにこの分野では、ちょっとキーワードを挙げるだけでも、耐力壁、品確法、耐震と免震、四号建物、震度階、壁倍率、耐震改修、雑壁、性能規定と仕様規定、長期優良住宅、ゼロエネルギー住宅（ZEH・ゼッチ）等々、実に興味深い用語が並ぶのですが、本書では到底カバーしきれませんので、割愛してあります。

なお、「構法」と「工法」に関して、ここでは基本的に「構法」に統一しました。特に現場における作り方というような意味合いが強い場合や、「枠組壁工法」というような正式名称がある場合には「工法」も用いていますが、とくに気にしていただく必要はありません。

39 伝統構法

　伝統構法という用語は、安易に使われる傾向にありますが、とかく混同されがちな「在来軸組構法」との区分を明確にするために、ここでは「伝統構法とは明治維新以前に完成されていたわが国特有の木造構法」と仮に定義しておきます。

　伝統構法は、比較的大規模な「寺社建築」や「城郭建築」などと、小規模な「民家」などに区別されます。もちろん、いずれの場合も構法が確立されてしまうまでには、歴史的な変遷がみられます。また同じ構法であっても大きな地域差があります。

1）寺社建築など比較的大規模な伝統建築

　一口に寺社建築といっても、寺院と神社では形式が異なります。また、仏教建築でも和様、禅宗様（唐様）、大仏様（天竺様）といった様式の違いもあります。使われた木材も、古代では加工が容易で大径材の得やすいヒノキが中心でしたが、時代が下るにつれて、鋸の発達や逆に資源面での制約により、マツやケヤキなども多用されるようになりました。したがって、その特徴を簡単に述べるのは難しいのですが、これらの伝統建築に共通するのは、建築そのものが信仰の対象や権

図5・1　三重塔（茨城県板橋不動院）

図5・2　平城京大極殿復原のために筆者らが森林総研で行なった伝統架構の実大加力実験

図5・3　大極殿復原のために用意された大径のヒノキ

図5・4　貯木池のヒノキ原木（伊勢神宮）

力の象徴であったために、高度の技術を持った技能集団が、長大で貴重な木材を使って、さらに建築当時の最新技術で人手と時間を惜しまずに造ったものがほとんどであったということです。

　また、伊勢神宮の式年遷宮の例をもちだすまでもなく、維持管理も定期的に行なわれることが多く、たとえ落雷による火災や地震等の天災によって大きな損傷を受けても、大規模な修理や再建が行なわれることが珍しくありませんでした。

　このような維持管理のシステムが存在していたからこそ、世界最古の木造建築である奈良の法隆寺金堂をはじめとして、全国各地に数多くの古建築が現存しているわけです。

　この種の伝統構法の構造形式は、太い柱を貫や長押しで固定した軸組構造で、接合には嵌合（かみ合わせ）が使われます。よく知られているように、嵌合では接合部の挙動が複雑になるため、地震のような水平力が作用したときの挙動が簡単には推測できません。たとえば、太い柱には傾いたときに元に戻ろうとする傾

斜復元力（傾いた起き上がりこぼしを元に戻そうとする力）が働きますが、この力は柱の上から作用する自重によって変化してしまいます。

この種の構造の力学的挙動に関する研究は、木構造の暗黒時代の悪影響で、長い間放置されたままでした。ようやく研究が開始されたのは1990年代に入ってからでした。このため未だに解明されていない構造上の疑問点、たとえば五重塔の高い耐震性などが数多く残されたままです。

材料供給側からみた大規模伝統建築の問題点は、良質な大径材を今後も確保できるかということに尽きます。使用された木材が大径であったことが、この種の建築の強度特性や耐久性の面に有効に働いたのは明らかですから、良質な大径材の確保は文化財保護の観点からも不可欠です。このため、必要となる大径木を今から確保しておく運動が始まっています。ただ、一朝一夕に問題が解決するわけではありませんので、息の長い取り組みが必要です。

2）民家

民家の定義にはいろいろ議論がありますので、ここでは江戸時代にほぼ形式が完成した近世の住居に話を限定しておきます。民家が大規模な寺社建築と最も異なるのは、建物の規模の違いはもちろんですが、地域の大工や農民が地域の材料を使って地域の気候風土に合うように造ったことでしょう。また、神や仏ではなく、人が「すまう」ための建築であったことも民家の特徴です。

民家はその利用形態から「農家」と「町屋」に大別されます。農家には地方によって特有の形式が存在し、それぞれが大きな特徴を持っています。有名な岩手の南部曲がり家や、飛騨・五箇山の合掌造りなど、その地方の気候（豪雪など）

図5・5　農家（岩手県の南部曲がり家）

や産業（畜産や養蚕など）が構造形式に反映されています。

　一方、町屋は農家に比べれば、地域差が大きくありません。もちろん住人の職種や階層によって細部の差はあります。

　いずれにしても、民家の構造的な特徴としては、次のような点があげられます。

①梁・桁（水平材）と柱（垂直材）の組み合わせで骨組みが構成され、筋違いは不使用。

②木材同士の接合には、伝統的な継手・仕口が使われ、構造用の金物は基本的に不使用。

③建物の内壁は柱があらわしになる真壁で、木舞の上に土を重ね塗りした土塗り壁。

④地震等の水平力に対しては、主に貫と土塗り壁が抵抗。

⑤主要な柱や束は、礎石の上に直置き。

図5・6　森林総研が行った築116年の農家民家の
　　　　加力実験（茨城県つくば市）

図5・7　整備された民家の町並み（大分県日田市）

図5・8　たいこ材（左）と根曲がり材（右）

⑥小屋組には、製材だけではなく、丸太、曲がり材、たいこ材なども使用。

　この種の民家の最大の問題点は、エンジニアード化が十分ではないため、現行法規下では簡単には建物が建てられないことでしょう。2004年の『ウッドエンジニアリング入門』の執筆時点と比較してみると、実大振動台実験が実施されるなど、構造特性に関する研究は大いに進みましたが、いわゆる石場建てのような基礎と土台の緊結問題をはじめとして、研究課題が数多く残されています。

❖伝統的構法

　昔の伝統構法そのままではなく、その流れを汲んだ構法のことを、現代では「伝統的構法」と呼んでいますが、その最大の問題点は、現行法規下では建物を建てるまでに手間暇がかかるということです。

　旧版の執筆時点でも、この種の構法で住宅を建てるには、性能検証のための「限界耐力設計」を自力でおこなう必要がありました。このため、図5・9のような研究が進められ、柱脚と基礎を緊結しない接合方法や、床組及び小屋ばり組に火打ち材を設けない方法などが2016年以降に告示で追加され、さらに、実務者が伝統的構法の構造設計において活用できるように、要素の実験データおよびその理論値、設計式などが「伝統的構法データベース」としてウェブ上で公開されるようになりました。

　とはいえ、この種の構法は在来軸組構法以上に融通無碍で、地域によるばらつきがあります。構造データもまだまだ不十分なこの種の建築を、誰もが簡単に建てられるような状況にはなっていないのが現状です。さらに言うなら、住宅にも省エネルギー性能が要求される現代に、この種の開放感を旨とした構造がどう対応できるのか、課題は現在も残されたままです。

加力前（2009 年 8 月）

加力後　　　　　　　　　　　　　　加力後（内部）

図 5·9　建築研究所で行われた伝統的構法の加力実験

40 在来軸組構法

　在来軸組構法は、在来構法、木造軸組構法などとも呼ばれ、建築基準法施行令の第3章第3節「木造」に規定された構法です。その原型は江戸時代の武家屋敷といわれており、長い歴史を有してはいますが、伝統構法のように近世以降ほとんど変化がないものではなくて、時代とともに大きく変遷してきました。現代でも部分的にその名残はありますが、全体的には原型のそれとはまったく別物といってよいほどまでに変貌しています。

　在来軸組構法の原型に生じた最初の大きな変化は、明治維新前後に西洋から近代的な建築技術がもたらされ、時差や地域差はあるものの、徐々にそれが木造住宅の構法に反映されていったことでしょう。

図5・10　在来軸組構法の原型と言われる江戸時代の武家屋敷（左）とその小屋組（右）（千葉県佐倉市）

図5・11　昭和初期の都市庶民向け在来軸組構法（左）と最近の在来軸組構法（右）

図 5·12　国産材を多用した在来軸組構法（左）と床に施工される厚物構造用合板（右）

　次で、明治から戦前にかけての大きな変化として、濃尾地震や関東地震のような災害に対応するために、構造が徐々に耐震・耐風的になっていったことがあげられます。

　戦後において生じた最初の大きな変化は、1950（昭和25）年に建築基準法が制定されたことと、また住宅金融公庫の共通仕様書の登場により構法の標準化がはかられたことです。高度経済成長期には、各種の特殊合板や集成材など新しい木質材料の登場で、化粧用・造作用の材料が多様化し、また電動かんなやドリルなどの工具の発達が構法にも大きな影響を与えました。

　構法そのものではなく、住宅の生産システムとして、昭和50年代から接合部の切削加工法として登場してきたのがプレカットです。3章でも説明しましたが、現在では構造材の継手仕口だけではなく、いわゆる羽柄材（はがらざい）についてもプレカットが使われるようになっています。

　1995年の阪神・淡路大震災をきっかけとして、在来軸組構法に対して耐震性能が強く要求されるようになりました。これへの対応として、構造用合板やOSB等の構造用パネルの使用と、構造用金物の多用が一般的になりました。また、構造全体が高断熱高気密へと移行するにつれ、構造用材にも寸法精度の高さが要求されるようになり、くるいの少ない構造用集成材もごく一般的に使用されるようになりました。

　現代の在来軸組構法の構造的な特徴は、概略、次のとおりです。

①主要構造部材の継手・仕口はプレカットによる嵌合で、補助・補強金物を併用
②基礎は、鉄筋コンクリート製の一体的な布基礎

③最下階の柱の下には、土台

④地震などの水平力には、耐力壁で抵抗

　現代の在来軸組構法の構造材には、外材・国産材、製材・集成材を問わず、様々な材料が使われています。構造が融通無碍で、材料選択に関してフレキシビリティの高いところはこの構法の最大の利点です。もちろん、材料が適材適所で利用されていれば、特に問題はないのですが、1章で述べたように、今後の循環型社会への移行を考えると、国産材をできるだけ多く利用できる方向を目指すことが、材料供給側に課せられた課題であるといえるでしょう。

　国産材利用については、材質的に問題が多いスギの利用拡大が最も重要です。もちろん、スギの加工技術の高度化については過去、様々な研究が行なわれ、高速人工乾燥技術の高度化、構造用厚物合板の開発、異樹種複合集成材の開発など、実際に大きな成果をあげてきました。ただ、まだまだ十分なものとは言えません。特に4章で述べたCLTや接着重ね材のように、スギを活用できる新しい製品とその利用方法の開発が望まれます（図5・13）。

　もちろん、わが国の林業の再生に関しては、単に木材サイドだけで解決する問題ではなく、川上から川下までの一貫した取り組みが必要です。これに関しては本書の範囲を大きく逸脱してしまうので、ここでは見解を差し控えますが、林業の構造改革と木材側との協力体制の構築が最も重要であると言えるでしょう。

図5・13　スギの一般製材を用いて大スパンとしたトラス構造
道の駅二ツ井（秋田県能代市）

41 金物構法

　公的な定義があるわけではないのですが、金物構法（かなものこうほう）とは「在来軸組構法の一種で、特殊な構造用接合金物により主要構造部材の継手・仕口を構成する構法」のことをいいます。この構法は、一般的な在来軸組構法の問題点とされる「部材や接合金物の種類が非常に多く、大工の技能によって性能がばらつくことなど」を改良した合理化手法として出現してきたものです。

　この構法では複雑な仕口を設けずに、木材には簡単なスリットや穴をあけるだけです。その代わり、接合部には強力な構造用金物を用います。もちろん、部材や金物も単純化されていて、架構作業も容易です。

　金物構法に用いられる構造用金物はメーカーによって各社各様ですが、使用部位によって、柱受け金物、梁受け金物、その他（筋違い、柱脚など）に大別されます。ただし、これらのなかで金物構法の特徴となっているのが梁受け金物です。梁受け金物の形態には、鋼板挿入型、引きボルト型、ボックス金物型、特殊鋳物

図 5・14　金物構法による骨組み（左）と柱に取り付けられた構造用金物（右）

図5・15　金物構法住宅の内部（様々な構造用木質材料が用いられている）

型などがありますが、当然、それぞれに一長一短があります。量的には鋼板挿入型が多いようです。

　金物構法用の梁受け金物の多くは、在来軸組構法用の補助・補強金物より強度特性が高いのはもちろんですが、接合のメカニズムとしてまったく異なるところがあります。それは、荷重が継続的に作用したままであるという点です。たとえば、梁と胴差しの接合部に使われる羽子板ボルトの場合、金物には定常的に荷重は作用していません。何か特別な外力が働いた場合にはじめて効力を発揮します。一方、金物構法用の梁受け金物では定常的に荷重が作用したままです。言い換えれば、その金物がなければ構造そのものが成立しないのです。

　このため、金物構法に使用する木材は乾燥していることが必須条件になります。なぜなら、1章で述べたように、常時荷重下において、木材が乾燥すると、異常に大きな変形が生じて、トラブルになりやすいからです。

　従来、金物構法に関しては、ハード面よりも、在来軸組構法の生産合理化というソフト面での優位さが指摘されてきましたが、金物が各社各様であるため、北米のプラットフォーム構法のように構法や原料の共通化により合理化を図るとい

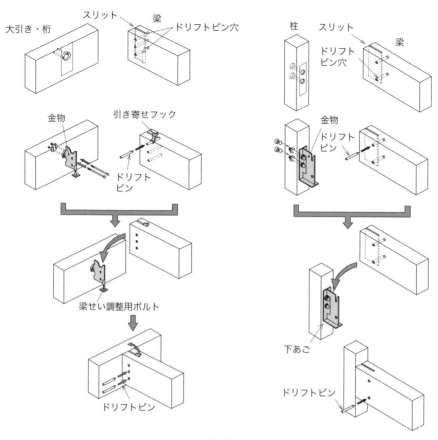

図 5·16　鋼板挿入型梁受け金物の例

う意味では問題があります。

　また、施工のミスや品質の低下を防ぐためには、何らかのフランチャイズ的対応が必要であり、それが逆にコスト高につながる恐れもあります。しかし、先に述べた様々な利点に加えて、構造的に力の流れが明確であるがゆえに、性能表示に対応しやすいことなどは、金物構法の有利な点であるといえるでしょう。

42 プレハブパネル構法

　「プレハブ」とは、プレカットと同様に、予め（プレ）工場で製造（ファブリケーション）した構造要素を、現場で組み立てるという意味です。現代では構法の種類によらず、現場作業の合理化手法としてプレハブ化が進められる傾向にあります。このため、単純に「木質プレハブ構法」というと、すでに述べたような金物構法やプレカット部材を用いた在来軸組構法などもその範疇に含まれてしまうことになります。また、枠組壁工法のなかには、予め工場で面材を枠組に釘打ちしておき、そのパネルを現場に搬入して組み立てるシステムを採用しているものもあります。

　このように構法の融合が進んでいる現代では、用語の定義が曖昧になりやすいので、一般的に通用している概念の「木質プレハブ構法」を「木質プレハブパネル構法」と呼んで、上で述べたような構法と区分するのが普通です。

　木質プレハブパネル構法は 1960 年代初めに登場してきたもので、工場で面材と枠材を接着して製造された床・壁・屋根パネルを、現場で組み立てるものです。パネル同士を多数の釘、あるいは釘と接着の併用によって一体化するところが大きな特徴です。工場で生産されるパネルのサイズ、それを組み立てたユニットの大きさ、あるいは仕上がりの程度などは、製品によって様々です。

　木質プレハブパネル構法は壁式の構法であるため、壁がすべて大壁となり、壁・床・屋根構面などが一体となります。これは、次に述べる枠組壁工法の特徴と同じです。

図 5・17　プレハブパネル構法住宅　　左:工事中、右:完成後（写真提供:筑波大学名誉教授・松田紀之氏）

43 枠組壁工法

枠組壁工法は、もともと北米の在来構法であったプラットフォーム工法が、1974 年にわが国に導入されたものです。断面が 2 インチ ×4 インチの規格化された製材品を多用するため、ツーバイフォー構法とも呼ばれています。

1) 製材

枠組壁工法で使用される製材は、断面の寸法単位がインチに設定されており、ディメンションランバーと呼ばれています。JAS では、この製材を「枠組壁工法構造用製材」で規定しています。また、「枠組壁工法構造用たて継ぎ材」も同様に規定しており、このたて継ぎ材は製材と同等に使うことができます。なお、これらの規格では、幅が 4 インチのものを 204、6 インチのものを 206 などと称していますが、その断面寸法はあくまで公称であり、実際に規定されている寸法はその値より若干小さくなっています。

枠組壁工法では、製材同士の接合部分は単なる突き付けです。在来軸組構法にみられる複雑な仕口や継手はまったく用いられません。単純な製材を単純な加工で構造物にできるという意味では、枠組壁工法は極めて合理的な構法であるといえるでしょう。

枠組壁工法の壁、屋根下地、床などには、構造用合板や OSB などの構造用面材料が用いられます。これらの面材料は、ディメンションランバーで構成された枠

図 5・18　枠組壁工法住宅

図 5・19　北米の 3 階建てアパート

図5·20　枠組壁工法による店舗とメタルガセット平行弦トラス

組に釘で接合されます。用いられる釘は在来軸組構法用より少し太めの CN 釘で、使用個所によっては、それに亜鉛メッキを施した ZN 釘も用いられることがあります。なお、釘だけではなく枠組壁工法用の C マーク表示金物も様々な個所に用いられます。

　枠組壁工法の製材に関して、2010 年代半ば以降に大きく変化したこととして、スギやカラマツ等の国産材が使用可能になったことが挙げられます。

　旧版執筆の時点でも枠組壁工法を国産材で建てたいという要望は各地で聞かれていたのですが、その後、国産材を効率よくディメンションランバーに製材するための技術開発や各種の強度データの収集などが行われ、2015 年には枠組壁工法構造用製材の日本農林規格が改正されました。その中で国産材は、JS Ⅰ（ヒノキその他これに類するもの）、JS Ⅱ（スギその他これに類するもの）、JS Ⅲ（カラマツその他これに類するもの）と規定されました。

　日本ツーバイフォー建築協会によれば、2020 年 7 月現在、国産材等の枠組壁工法構造用製材・たて継ぎ材等 JAS 認証工場は、24 社となっていますが、今後も拡大することが期待されます。

2）構造

　枠組壁工法はその名が示すように、壁式の構法であるため、柱や梁が存在しないで、壁・床・屋根構面などが一体となって構造体を形成します。枠組に面材が貼られるので必然的に壁はすべて大壁となります。小屋組では一般的な垂木を用いる方法以外に、メタルガセットトラスや断熱材を挟み込んだ屋根パネルが使わ

れることもあります。構造全体の力の流れと耐力機構については、鉛直荷重も水平荷重も、壁全体が支えます。耐力壁は在来軸組構法の圧縮筋違いのような左右の方向性がありません。

　枠組壁工法の接合部（釘）は全体に分散されていますので、欠点が集中しにくいという特徴があります。つまり、一部分が破壊あるいは腐朽しても、全体に大きな影響を与えません。ただ逆に、部分的な修理やリフォームなどは在来軸組構法に比べて難しいといえるかもしれません。

3）施工の特徴

　枠組壁工法では、施工が釘打ち主体ですから、特に高度な技術を必要としません。このため作業者の技能による構造性能の差は生じにくくなります。実際の施工では、基礎の上に1階の床組、1階の壁、2階の床組、2階の壁、小屋組という順序で作業が進行します。このため、様々な作業が容易で、作業の安全性は高くなります。ただ、屋根が最後に施工されることになるので、屋根の下地が完成するまでの間、雨に対する対策が必要となります。

4）今後の課題

　材料供給側に課せられた課題は、ディメンションランバーを国産材に代替するための技術開発でしょう。先にも述べたようにスギやカラマツ等を効率よくディメンションランバーに製材するための技術や各種の強度データ、さらには木質トラス等の組立部材の強度特性に至るまで、様々な研究開発が行なわれています。大規模な普及にはさらなる技術開発と量産化によるコスト低下が必要ですが、かつてのようにまったく検討対象にならないような状態ではなくなっており、個別散在的な事例は各地で散見されるようになっています。

44 丸太組構法

　丸太組構法は、非常に古くからあるもので、世界各地で散見されます。わが国では奈良の東大寺正倉院の校倉造りが有名ですが、文化財的な古建築ばかりではなく、現代では個人の別荘やレストランなどの商業建築にも広く用いられています。ただ、一般的な木造建築として建築されるようになったのは比較的新しく、1986年に技術基準が整備されて以降のことです。

　構法としては、校木と呼ばれる丸太や角材を交点でかみ合わせながら一段ずつ積み上げて壁を構成します。ただ、単純に部材を積み重ねるだけでは、水平力に対する抵抗が小さいので、ダボや鉄筋を材の間に入れて各部材間のずれを小さくする工夫が必要となります。同様に、壁を一体化するために土台から壁の上部にかけて、通しボルトを入れて締め付けます。

　校木用の材料としては、丸太はもちろん、人工乾燥された製材や接着合せ材（ 38 節☞ p.225）が用いられることもあります。いずれも断面形状を特殊な形態に加工します。原料が十分に乾燥されていない太い丸太のような場合、材の中心部の含水率が安定して、収縮による変形が停止するまでには長時間が必要です。また、材の収縮にともなって壁全体の高さが下がってきます。このため、何年間にもわたって通しボルトの増し締めが必要となります。また、壁の変形に伴って、開口部の寸法も変わってくるので、それに対する対策も必要となります。

図 5·21　復原された校倉の倉庫

図 5·22　現代的なログハウス

なお、正倉院の校倉壁の隙間が外気の湿度変化によって自動的に開閉し、このため、宝物が長持ちしたという「校倉壁開閉説」は、江戸時代の知識人が思いつきで言いだしたものです。あまりにまことしやかな論理であったため、一般に広く信じられてきましたが、この説は現在では完全に否定されています。

図5·23　東大寺正倉院

　その理由は、

1. 事実として壁は開閉していないから
2. 壁以外からも空気は出入りしているから
3. 中央の中倉は一般的な板倉だから

です。また長持ちした理由は宝物がスギの唐櫃の中に入れられており、木材の湿度調整機構が二重に働いたからと考えられています。

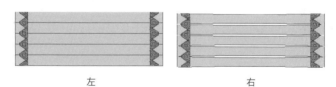

左　　　　　　　　　　右

図5·24　多くの日本人が信じ込んでいた校倉壁開閉説の理屈
左：屋外の湿度が高い時、木材が膨らんで隙間が閉じる
右：屋外の湿度が低い時、隙間ができて空気が入れ替わる

45 中大規模木造

これまでに述べてきたように、公共建築物等木材利用促進法の制定以降、CLTの導入や耐火技術の高度化といった技術的な進展、さらには地球環境問題への意識の高まりといった背景のもとで、中大規模木造建築はある種のブームのなかにあります。たとえば、大手のゼネコンや不動産会社なども真剣に事業として取り組むようになってきました。

構法については、後述の「大断面木造」だけではなく、他構造との混構造、CLT工法や大規模な枠組壁工法、さらには一般流通製材や小径材を組み合わせた大スパントラス構造等々が次々に登場し、まさに百花繚乱の状態となっています。

移り変わりが非常に激しく、また開発競争激化状態にあるこの種の構造の解説は他書や信頼できるホームページに譲るとして、ここでは、旧版執筆時点でよく使われていた用語である「大断面木造」を簡単に説明するにとどめます。

❖大断面木造

大断面木造は、ヘビーティンバー、重木構造、あるいは集成材建築などとも呼ばれ、体育館や木造ドームなどの中・大規模木造建築によく用いられます。実はわが国では暗黒時代の影響で、1980年代中頃まで大断面木造がまったく途絶えていました。ところが1987年に建築基準法が改正され、大断面木造であれば高さ13m、軒高9mをこえる規模の建築が可能になりました。この時に、建築基準法施

図5・25 工事中の出雲ドーム

図5・26 愛媛県立武道館

行令第46条に「断面積が300cm²以上で小径が15cm以上の集成材等の木材」という使用材料に関する規定が加わりました。これが大断面木造という名称の由来です。

この材料に関する規定は、2000年の建築基準法の性能規定化にともなって消失したために、現在では大断面木造の概念が明確ではなくなっています。しかし、依然として大断面の構造用集成材を主要構造物に用いた木質構造を大断面木造と呼ぶことがあります。この構造の特徴は、材の表面が燃えても、内部がすべて炭化するには長時間を要するという大断面木材の耐火性能の高さに依存しているところにあります。

大断面木造の用途は、復活がはじまった初期の頃には体育館などが主体でしたので、湾曲集成材を用いたシンプルな3ヒンジのアーチ構造が多くみられましたが、現在ではデザイン面からの要求が多様化し、多種多様な構造形式が選択されています。

図5·27　宮崎県木の花ドーム

図5·28　広島県白竜ドーム

図5·29　埼玉県宮代町役場

図5·30　構造用LVL利用の小学校体育館

大断面木造の主要構造部材同士の接合は、ほとんどが大型の接合金具を利用したものです。復活当初は鉄の添え板にボルトとナットを用いる形式が一般的でしたが、現在では化粧性および耐火性の向上のため、鉄板を材のスリットに挿入し、そこに材を通してドリフトピンを打ち込む形式が一般的となっています。

　近年では、鋼棒や大型のダボを材に挿入して接着する GIR（グルード・イン・ロッド）接合工法（図5・31）や、大型のフィンガージョイントを利用して接着だけで接合する工法（図5・32）など、新しい接合方式もいろいろ登場しています。

図 5・31　GIR 接合工法
左：木ダボによる仕口の接合（北海道大学大学院・農学研究院　佐々木貴信教授撮影）
右：木ダボによる継手の接合（山佐木材㈱撮影）

図 5・32　大型フィンガージョイント（FJ）による接着接合工法
左：FJ を有したカプラーを介する場合
右：集成材を FJ によって直接接合する場合

6章
ちょっと悲しい実例集

　これまで本書のなかで、木質建材や木質構造の様々な写真を、実際の適用例として紹介してきました。そのほとんどは、「木質建材がこんなふうに使われています」という、いわば好ましい利用例を筆者の写真資料ストックのなかから選びだしたものです。

　それはそれとしてぜひ参考にしていただきたいのですが、実は写真資料ストックのなかには「こんな使い方はまずい」という写真も、少なからず存在します。

　本章では、筆者が様々な場面で見つけた、ちょっと悲しくなるような、というよりは時には危険でさえある木材の利用例を集めてあります。いわば、本章は使い方のミスの実例集です。

　造作用の木質材料を構造用に使ってしまったというような基本的な使い方のミスや、耐久性に関する考慮が足りなくて、みすみす寿命を縮めてしまっているような事例が多いのですが、いずれも、本書でこれまで述べてきた常識を働かせば、避けられるような事例ばかりです。

　もちろん、これらは筆者の目についたものがほとんどです。外から見えないところ、つまり床下や壁の内部などの事例はほとんどありません。しかし、そういったところにも多くの「べからず」事例が含まれています。阪神淡路大震災で図らずも露呈されてしまった数多くの施工ミスのように、むしろ、そちらのほうが大きな被害に結びつく可能性が高いといえるでしょう。

■1 貧弱な筋違い

筋違いの破壊。大きな節のある木材が、筋違いに使われていたため、地震力が作用した時、節の部分から座屈が生じて、外壁を突き破ってしまいました。

■2 大きな断面欠損

プレカット加工で、切り欠きが集中してしまった例。断面の欠損が大きすぎるので危険です。

■3 大きな断面欠損

民家に使われるような大黒柱であれば、柱が太いので、それなりに断面が残りますが、細い柱をここまで切り欠いてしまうと、ほとんど断面が残らなくなります。

■4 凸凹の床

未乾燥のスギを施工してしまったために、あばれが生じて床が凸凹になってしまった例。ここまで変形が進むと少し危険です。

5 桁の下の隙間

せっかく新築したのに、未乾燥材を使ってしまったために、梁の下に大きな隙間ができた神社の倉庫です。

6 くるった合わせ柱

十分に乾燥されていない未成熟のカラマツ材を使ったために、見事に割れとねじれが入って大きく変形してしまった例です。

7 床のぬれ

工事中の雨で床がビショビショになってしまった枠組壁工法住宅です。北米ではこのような風景を時おり見かけますが、わが国ではちょっと問題があります。

8 弱い継手

このような継手による補修は、鉛直力に対しては大きな問題がないとしても、水平力に対して抵抗できるのは、目違いの部分だけなので、少し不安です。

⑨大栓のない追っかけ継手

栓が無いために生じた、男木と女木の上下方向へのずれ。危険というほどのことはありませんが、栓のあるほうが安心できます。

⑩雨水の集中

トラスでは、雨が降ると弦材を伝って、このような部分に水が集中するので、水はけをよくするようなデティールが必要です。当然、きちんとした防腐処理も不可欠です。

⑪帯金物の不注意な使用

「鉄は木を殺す」というのはこのような状況をさすのでしょうか？　一見、補強のようにも見えますが、いずれにしても、もう少し細部の工夫が必要です。

⑫鉄の屋外使用

上と同様に、屋外における無造作な金物の使用は、木材を傷めることになります。何らかの工夫が必要です。

⑬柱脚の腐朽

外見からは判断しにくいのですが、継ぎ目から内部に、腐朽菌が侵入した例です。このような外構部材では水はけに注意が必要です。

⑭不注意な穴空け

LVLの場合、このような部位では裏割れが進展しやすく、そこから腐朽菌が侵入する可能性が高くなります。

⑮メンテナンス不足

腐朽しはじめたバス停の木材です。建築当初は美しくても、メンテナンスを行なわない雨ざらし状態では、いずれこのようになってしまうという典型例です。

⑯無防備な木口

直接雨風にさらされるような部位では、木口面が最も被害を受けやすくなります。このように木口面が雨ざらしになるところでは、表面に捨て貼りが必要です。

17 合板の庇

いわゆるコンパネをこのようなところに使うと、すぐにはく離が生じてしまいます。典型的な使用ミスです。

18 崩壊した藤棚

藤棚のように、常時湿潤状態になるところに無処理のわん曲集成材を使うのは無謀です。水が溜まりやすい接合部などから腐朽菌がすぐに侵入します。さらに、シロアリにも食害されやすくなります。

19 腐朽し始めた捨て貼り

アーチ型木橋の上部です。表面に捨て貼りをしてあるのは大正解ですが、捨て貼りそのものが腐朽しはじめているので、この段階で取り替えないと、せっかくの防御処置の意味がありません。

20 再塗装が必要な例

上と同様、この時点で塗装をやり直さないと、水が溜まりやすくて、逆に腐朽菌が入りやすくなってしまいます。

㉑シロアリに食害されたベンチ

シロアリがたくさんいるようなところに、このような物を設置すること自体が無謀です。

㉒ LVL の２次接着のはく離

製品同士を接着する二次接着は、専用のプレスを用いずに、簡易な圧縮治具などを用いることが多く、圧縮力不足が生じやすいので要注意です。

㉓接着はく離

基本的に雨ざらし野ざらし状態におかれると、このようなクラックが生じる可能性が高くなります。とはいえ、ここまで進行するのは珍しいでしょう。かなりの重傷です。

㉔腐朽した集成材のベンチ

水抜きのために中央部を切り抜いて作ってあった穴に落ち葉が堆積し、それが原因となって腐朽したものです。

㉕辺材が腐朽しはじめたヒバ

いかに耐朽性が高いヒバ材とはいっても、辺材では腐朽してしまう可能性があるという例です。

㉖腐朽した丸太の門

たとえ防腐処理してあっても、木口面が上部に向いているとそこにできる割れから腐朽菌が侵入しやすくなります。当然のことながら、辺材のほうが腐朽程度が激しくなります。

㉗合板の剥がれ

造作用の合板を倉庫の屋根下地に使ったため、簡単にはく離が生じた例です。

㉘合板の剥がれ

上と同じく、公園の東屋に造作用の合板を使ってしまった例です。直接雨があたらなくても、醜いはく離が生じてしまいます。

㉙合板の剥がれ

　町中で時おり見られる合板の剥がれです。基本的に造作用の合板を屋外に使ってしまったことが最大のミスです。もちろん塗装などのメンテナンスがあれば、ここまで悲惨な状態にはなりません。

㉚構造用の集成材のクラック

　雨ざらしにすると木部にクラックが入りやすくなります。集成材では一個所に割れが入っても、全体としては応力が解放されにくいので、細かなクラックがたくさん入る可能性が高くなります。

㉛合板の船舶への使用

　型枠用合板を船に使うのは基本的に無理です。

㉜雨漏りのあと

　このような痕跡が見えるのは、要注意信号といえるでしょう。どこかで腐朽が始まる可能性があります。

33 木ずりの腐朽

モルタルのクラックから水が浸入して木ずりを腐朽させた例です。外から見えないだけに始末が悪いといえるでしょう。

34 ひかえ柱の腐朽

防腐処理なしで直接土中に埋めると、すぐに腐朽するので、いささか危険です。これではステークテスト（屋外の腐朽の試験）をしているようなものといえるでしょう。

35 くさびから始まる腐朽の例

せっかく銅板で木口を保護しているのに、くさびの部分の水切りが悪く、腐朽を生じてしまった例です。文化財関係の公共施設などでよく見かけます。

36 傾くお堂

傾いてしまい、つっかいの丸太で支えられているお堂です。基本的に頭でっかちすぎる構造なので、このようになるのも当然といえますが、逆に大きく変形しても倒れないのは斗組構造の特徴といえるかもしれません。

37 材端部の割れ

縁距離を考えずに施工してしまった
ボルト接合の例です。そぎ継ぎ部分に
醜い割れが入っています。かなりの手
抜き工事といえるでしょう。

38 テーブルの割れ

たとえ東屋の内部であってもこんな
ところに造作用の集成材を使うのは無
謀です。割れや接着剥離が生じるのは
当然です。

39 割れの多い部材

心持ち正角の割れに関しては、強度
に対して影響のない場合がほとんどで
すが、ここまで割れが多くて接合部に
まで達しているといささか不安です。

40 木口面の割れ

湾曲集成材の肩の部分が野ざらし雨
ざらし状態となって、剥離が生じてい
ます。この程度なら問題はありません
が、こういう設計は避けたほうが無難
です。

おわりに

「はじめに」でも少し触れましたが、本書のオリジナルともいえる『ウッドエンジニアリング入門』が刊行されたのは2004年のことでした。以降、17年が過ぎ、わが国における木材と木造建築を取り巻く情勢は大きく変化してきました。

刊行当時、①木材・木質材料の信頼性がより向上する、②木造住宅の性能、特に耐震性が飛躍的に向上する、③地球環境問題から木造利用が進む、④特に国産材の利用が進むといったことは、私自身も予測していましたし、それを目標として、研究・普及啓発活動を行ってきました。

しかしながら、地球温暖化等、世界的な環境問題の高まりのなかで、世界有数の地震国であるわが国において、多層の中大規模木造建築が現実のものとなるとは、まったく予想できませんでした。これは木材・木質構造の研究者としては、予期せぬ喜びではあったのですが、手放しで喜べたわけではありません。というのも、正直なところ、中大規模建築に関する鉄骨造や鉄筋コンクリート造の技術レベルに比べれば、木造のそれは、現在においてもなお、試行錯誤の段階を脱した程度でしかないからです。

今後、中大規模木造建築がさらに成長を遂げ、他の構造のように、ごく当たり前の建築構造となるためには、技術そのもののレベルアップと、携わる関係者の木に関する知識の蓄積が必要です。本書はそのような方々に是非知っておいて頂きたい入門的な内容を工学的な知識に基づいて懇切丁寧に説明したつもりです。

もちろん、ページ数の制限があるため、関連分野のすべてを網羅することはできませんでしたが、入門書としての目標は十分果たせたと思っています。

本書の内容をさらに知りたい方のために、巻末に入手が比較的容易な参考文献を載せておきました。ただ、この分野の移り変わりは激しくて、出版時期が古くなった文献では内容が現状とずれてしまっている可能性があることには、十分ご注意ください。

なお、筆者の狭い意味での専門分野は「木質材料」と「木材接合」です。このため、少し専門から離れた基礎的な分野や木材加工の分野については、諸先輩の研究や著書に依拠せざるを得ませんでした。筆者の浅い理解のために、誤解している点があるかもしれません。ご叱正頂ければ幸いです。

最後になりましたが、編集全般に関しては、学芸出版社の松本優真氏に大変お世話になりました。記して深くお礼申し上げます。

参考文献

本書の内容に関連した参考文献を発行年度の古い順にリストアップしておきます。ただし、これらはすべての関連文献を網羅したものではなくて、現在筆者の手元にあって、一般の書店で入手可能なもののみです。また、木材の組織や物性といった基礎分野を除けば、この分野の移り変わりは非常に激しいので、ここでの文献は 2010 年以降に出版されたものに限定してあります。

● 森林・林業・木材産業全般

『今さら人には聞けない木のはなし』林知行、日刊木材新聞社、2010.6

『森林サイエンス 2』信州大学農学部森林科学研究会、川辺書林、2011.3

『日本は森林国家です』米田雅子・(社) 日本プロジェクト産業協議会編著、ぎょうせい、2011.3

『改訂　森林・林業・木材産業の将来予測』森林総合研究所編、日本林業調査会、2012.3

『木力検定』①〜④、井上雅文他、海青社、2012.3 〜 2017.8

『ウッドファースト！』上田篤編集、藤原書店、2016.5

『新・今さら人には聞けない木のはなし』林知行編著、日刊木材新聞社、2018.7

『絶望の林業』田中淳夫、新泉社、2019.8

『SDGs 時代の木材産業』井上雅文他、日本林業調査会、2020.2

● 木材関係

『木材接着の科学』作野友康他 3 名、海青社、2010.2

『コンサイス木材百科』秋田県立大学 木材高度加工研究所編、秋田文化出版、2011.2

『木質の構造』日本木材学会、文永堂、2011.4

『木質の形成』福島和彦他 5 名、海青社、2011.10

『木質資源 トコトン活用読本』熊崎実・沢辺攻、農山漁村文化協会、2013.3

『「木の時代」は甦る』日本木材学会、講談社、2015.3

『バイオ系の材料力学』佐々木 康寿、海青社、2015.9

『ティンバーメカニクス - 木材の力学理論と応用』日本木材学会木材強度・木質構造研究会、海青社、2015.10

『土木技術者のための木材工学入門』土木学会木材工学委員会、土木学会、2017.3

『木材時代の到来に向けて』大熊幹章、海青社、2018.11

『最新木材工業事典』日本木材加工技術協会、2019.3

『目からウロコの木のはなし』林知行、技報堂、2020.3

『木材の乾燥 I 基礎編』信田聡・河崎弥生編、海青社、2020.4

『木材の乾燥 II 応用編』信田聡・河崎弥生編、海青社、2020.4

『フォレスト・プロダクツ』高田克彦・林知行編、共立出版、2020.6

● 木造関係

『この 1 冊で「木造住宅」がおもしろいほど分かる！』エクスナレッジ、2010.7

『木質構造基礎理論』建築学会、2010.12

『木造建築構造の設計』建築構造技術者協会、オーム社、2011.4

『耐火木造 [計画・設計・施工] マニュアル』佐藤考一、エクスナレッジ、2012.3

『新・木質構造建築読本』木質構造研究会、井上書院、2012.6

『木造・木質の解法』日経アーキテクチュア編、日経 BP、2012.6

『最高に楽しい木構造入門』佐藤実、エクスナレッジ、2012.8

『木造建築の科学』高層建築研究会、日刊工業新聞社、2013.3

『ヤマベの木構造』山辺豊彦、エクスナレッジ、2013.5

『こうすれば燃えにくい新しい木造建築』松浦隆幸、2014.3
『集成材』小松幸平、京都大学学術出版会、2016.11
『楽しく分かる！木構造入門 改訂版』佐藤 実、エクスナレッジ、2018.10
『木造防災都市』長谷見雄二、早稲田大学出版会、2019.9
『耐震シミュレーション wallstat ガイド』鈴木強著・中川貴文監修、学芸出版社、2020.4
『木造建築の構造』大橋好光、建築技術、2020.12

● おすすめのジャーナル
　木材学会誌（日本木材学会）
　木材工業（日本木材加工技術協会）
　Journal of Timber Engineering（木質構造研究会）
　住宅と木材（住宅・木材技術センター）
　木の建築（NPO 木の建築フォーラム）

● 技術系雑誌
　「建築技術」建築技術
　「建築知識」エクスナレッジ
　　この両誌はバックナンバーの入手も比較的容易です。

● インターネット関係
　インターネット上での情報が玉石混交であることはよく知られていますが、特に木材関係では「石」が極めて多いのでご注意ください。また、出所が明確であっても発行年度が非常に古い資料も混じっています。
　特に Wikipedia の木材関係の記事は海外版を含めて間違いが多いので要注意です。間違いがあっても誰かがすぐにそれを訂正するという Wikipedia の持つ機能が残念ながら活かされていません。

● おすすめのホームページ
・林野庁
　木材関係の行政施策の動向や統計量がダウンロード可能です。特に森林・林業白書は価値が高いので、ぜひご参照ください。
・国立研究開発法人 森林研究・整備機構　森林総合研究所
　信頼できる様々な資料やデータベースをウエブ上で提供しています。たとえば、日本産木材データベースなどは、様々な光学顕微鏡写真、走査電子顕微鏡写真が簡単に参照できます。これらは一見の価値ありです。
・公益財団法人 住宅・木材技術センター
　過去に実施された調査・研究開発事業の報告書や木造建築設計の情報が掲載されています。
・一般社団法人 CLT 協会
　CLT 関係の技術報告や最新の事例集が掲載されています。
・一般社団法人 木を活かす建築推進協議会
　先導的な設計・施工技術が導入された中大規模木造建築の実例が紹介されています。
・一般社団法人 全国木材組合連合会
　木材全般についての知識や様々な事業についての紹介記事が掲載されています。
・各都道府県庁
　「○○県　林業」で検索すれば、各都道府県の林業・木材産業の統計資料を簡単に見つけることができます。お住まいの地域の意外な状況がわかったりすることがありますので、是非一度、ご参照ください。

◆著者紹介 ──────────────────────────────

林　知行（はやし　ともゆき）

京都大学生存圏研究所　特任教授
秋田県立大学名誉教授
国立研究開発法人 森林研究・整備機構 森林総合研究所フェロー
農学博士

略歴：1952 年大阪府堺市生まれ、1982 年京都大学大学院農学研究科博士課程林産
　　　工学専攻修了（京都大学木材研究所木質材料学部門）、同年農林水産省林業
　　　試験場（現森林総合研究所）入所、以降、接合研究室長、構造利用研究領
　　　域長を経て、研究コーディネータ、2013 年より秋田県立大学木材高度加工
　　　研究所教授、2014 年同所長、2020 年同大学名誉教授。
　　　2020 年 7 月より京都大学生存圏研究所　生活圏木質構造科学分野　特任教授

受賞：材料学会論文賞、木材学会賞、杉山英男賞

著書：単著に『目からウロコの木のはなし』技報堂出版（2020）、『プロでも意外
　　　に知らない木の知識』学芸出版社（2012）、『今さら人には聞けない木のは
　　　なし』日刊木材新聞社（2010）、『木の強さを活かす－ウッドエンジニアリ
　　　ング入門』学芸出版社（2004）、『ここまで変わった木材・木造建築』丸善
　　　（2003）、編著に『フォレスト・プロダクツ』共立出版（2020）、『新・今さ
　　　ら人には聞けない木のはなし』日刊木材新聞社（2018）、『高信頼性木質建
　　　材－エンジニアードウッド』日刊木材新聞社（1998）、その他分担執筆多数。

増補改訂版　プロでも意外に知らない〈木の知識〉

2021 年 4 月 20 日　　第 1 版第 1 刷発行

著　者………林知行

発行者………前田裕資

発行所………株式会社学芸出版社
　　　　　　〒 600 - 8216
　　　　　　京都市下京区木津屋橋通西洞院東入
　　　　　　電話 075 - 343 - 0811
　　　　　　http://www.gakugei-pub.jp/
　　　　　　E-mail:info@gakugei-pub.jp

編　集………松本優真

ＤＴＰ………村角洋一デザイン事務所

装　丁………KOTO DESIGN Inc. 山本剛史

印　刷………イチダ写真製版

製　本………新生製本

Ⓒ 林知行 2021　　　　　　　　　　　　　　　　　Printed in Japan
ISBN 978 - 4 - 7615 - 2770 - 9

JCOPY 〈(社)出版者著作権管理機構委託出版物〉
　本書の無断複写は著作権法上での例外を除き禁じられています。複写される場合は、
そのつど事前に、(社)出版者著作権管理機構（電話 03-5244-5088、FAX 03-5244-5089、
e-mail: info@jcopyor.jp）の許諾を得てください。
　本書を代行業者等の第三者に依頼してスキャンやデジタル化することは、たとえ個人
や家庭内での利用でも著作権法違反です。

好評発売中

耐震シミュレーション wallstat ガイド

鈴木強 著／中川貴文 監修
B5 変判・204 頁・本体 3500 円＋税

地震による住宅倒壊のリスクを可視化できる、耐震シミュレーションソフト wallstat。解析結果が動画で示され、他の CAD ソフトと連携できる等、取り組みやすい上に、解析自体は高度な技術に裏付けされており、工務店や設計者などの実務者に広く活用されている。本書は、wallstat の基本操作から応用まで全て解説した初の公式ガイド。

伝統的構法のための木造耐震設計法
石場建てを含む木造建築物の耐震設計・耐震補強マニュアル

伝統的構法木造建築物設計マニュアル編集委員会 著
B5 判・352 頁・本体 6600 円＋税

町家・民家・寺社など伝統的構法による木造建築物を設計するには、その優れた変形性能を生かすことが重要だ。本書は、石場建てを含む伝統的構法の構造や設計の考え方などの基礎知識、限界耐力計算を発展させた計算法と設計手順、事例、設計資料を掲載。新築の耐震設計、改修の耐震診断・耐震補強に役立つ実践的マニュアル。

耐震木造技術の近現代史
伝統木造家屋の合理性

西澤英和 著
A5 判・432 頁・本体 6000 円＋税

伝統木造家屋は激震に耐える！　先人は苛酷な震災に遭遇する度に、修理を通して耐震技術を蓄積してきた。果たして、近現代の日本は伝統木造の英知を活かせているだろうか？　繰り返される在来木造の大被害、その要因を木造耐震化の歴史を振り返って明らかにし、地震国日本が培ってきた伝統木造技術の復権を論じる渾身の一冊。

学芸出版社

Gakugei Shuppansha

建築・まちづくり・
コミュニティデザインの
ポータルサイト

✒ WEB GAKUGEI
www.gakugei-pub.jp/

📄 図書目録
📄 セミナー情報
📄 電子書籍
📄 おすすめの1冊
📄 メルマガ申込（新刊＆イベント案内）
📄 Twitter
📄 Facebook